福田りおの
羊毛フェルト基礎テクニック

ニードルで作る基本の立体から人気のスイーツまで

はじめに

私がニードルフェルトに出会った頃、資料はほとんど見つかりませんでした。
どこで羊毛が手に入るのか、どんな種類の羊毛があるのか、
ニードルはどんなふうに使ったらいいのか、わからないことだらけ。
ちょうどインターネットが普及した頃でしたから、ひとりで検索をして、
見つけた北海道の工房で羊毛を購入するところからはじめました。

あれから7年。状況は劇的に変化しました。
同じように羊毛フェルトに魅せられた作家さんたちの作品集がたくさん出版され、
おそらく世界でも稀にみるニードルフェルト天国になりました。
ニードルフェルトはとても取り掛かりやすい手芸で、
羊毛のかたまりをニードルで刺していると、
誰でも簡単にフェルト化させることができます。
「これだけが正しいやり方」とか、「こうしなくてはいけない」
という決まりがない新しい手芸です。
お手本をなぞるより、何でも自分で自由にやってみたい私には、
ぴったりの素材でした。
手探りのまま、その手触りとフェルト化する感覚に夢中になり、
どっぷりとその世界にはまりました。

私は、ニードルフェルトで主にスイーツやパンを好んでモチーフにしています。
甘いお菓子は、いつも幸せな場面に寄り添います。
羊毛は、立体的再現力が非常に高く、

研究していくと、なんていろいろな表現ができることでしょう！
まるで本物のようなスイーツやパンを作りあげることができるのです。
そうしてやってきて数年、たくさんの方に指導をさせていただくなかで、
自分なりのテクニックやコツがだんだんつかめてきました。
もちろん今でも発見がありますし、年々新しい素材も開発されていきます。

本書は、羊毛を思い通りにフェルト化させるための方法を
細かく説明しているので、少し理屈っぽいところもありますが、
「なるほど！」と思っていただける部分も多いと思います。
どうか、ほんの少しだけ、書いてあることの意味を考えてみてください。
考えて理解できたら、作りたいものへの道すじが見えてくるはずです。
あなたなりの個性を大事にしつつ、
作りたいもののイメージに近づく手助けになれば幸いです。

はじめに …………………………………… 2

羊毛フェルトの基礎知識

羊毛フェルトについて …………………… 6
ニードルフェルトの特徴 ………………… 6
フェルティングニードルについて ……… 7
羊毛について ……………………………… 8
基本の用具と材料 ………………………… 9
カラー羊毛一覧 …………………………… 10
❀上手な作品作りのためのコツと心得 …… 11

本書の使い方
・本書で使用している用具・材料は、ハマナカ
 (株)の商品です。羊毛についている( )
 内の番号は、カラーNo.です。
・羊毛は、スライバータイプを主に使用しています。
 それ以外のものは、材料に明記しています。
・羊毛の分量は「10cmの½」のように明記し
 ています。これは、長さ10cmの羊毛の幅を、
 ½に分けた分量を指します。
・P.35～56の＜重心の位置とニードルを刺す
 方向＞の図は、羊毛のまとめサイズ・作品の
 仕上がりサイズの目安としてお使いください。
 縮小してあるものは、明記された拡大率にコ
 ピーしてご使用ください。

Lesson 1
基本のテクニックと立体の作り方

Basic Technic
羊毛の分け方・裂き方 …………………… 13
羊毛の巻き方・たたみ方 ………………… 14
基本姿勢とニードルの刺し方・羊毛の押さえ方 … 16

基本の立体
1　ドーム型 ………………………………… 18
2　円柱 ……………………………………… 20
3　四角柱 …………………………………… 22
4　おうぎ形 ………………………………… 24
5　円すい …………………………………… 26
6　だ円形 …………………………………… 28
7　キューブ型 ……………………………… 30
8　長方形 …………………………………… 32
9　ボール型 ………………………………… 33

Lesson 2
基本のパンとスイーツを作ってみよう

パン
デニッシュ …………………………… 35
メロンパン …………………………… 38
クロワッサン ………………………… 40
バゲット ……………………………… 42

ケーキ＆フルーツ
いちごのショートケーキ …………… 45
オレンジ ……………………………… 48
バナナ ………………………………… 48
チェリー ……………………………… 48
キウイ ………………………………… 48

焼き菓子
マカロン ……………………………… 50
サンドクッキー ……………………… 52
フィナンシェ ………………………… 54
花形クッキー ………………………… 56

❀仕上げのテクニック ……………… 57

Lesson 3
アップリケをしてみよう

Basic Technic
ドーナツのアップリケ ……………… 58

Step Up Technic
ビスケットのアップリケ …………… 60
いちごのショートケーキのアップリケ … 62

❀オリジナルデザインテンプレートの使い方 …… 65

Lesson 4
応用作品を作ってみよう

ブール＆イギリスパン ……………… 66
3段デコレーションケーキ ………… 68
アイスクリーム ……………………… 70
チョコバナナタルトレット ………… 72
マカロンタワー ……………………… 74
キューブチーズケーキ ……………… 76
トランプのアップリケ ……………… 78

羊毛フェルトの基礎知識

羊毛フェルトについて

羊毛フェルトとは、羊毛を手作業でフェルト化させるハンドメイドクラフトです。やわらかくて手触りのよい羊毛は、肌に触れる実用的なものから、見て楽しむ作品まで、さまざまな楽しみ方ができます。羊毛フェルトの手法は、羊毛を濡らして作る"ウエットフェルト"と濡らさないで作る"ドライフェルト"の大きく2つに分けられます。

ウエットフェルト　羊毛を並べて石けん湯をかけ、圧力と摩擦をかけて繊維を絡ませ合い、フェルト化させる手法です。石けん湯で濡らしてこすることで羊毛が伸縮し、繊維同士がしっかりと絡み合うので、帽子やバッグ、ルームシューズなどの強度が必要な作品に向いています。

ドライフェルト（ニードルフェルト）　フェルティングニードルという特殊な針を羊毛に刺すことで、繊維の流れを変え、繊維同士を徐々に絡ませてフェルト化させる手法です。細かい表現が可能なので、マスコット作りやアップリケなどに向いています。使用する道具が少なく、どこでもできる手軽さも魅力です。

ニードルフェルトの特徴

本書では、ニードルフェルトの手法を詳しく説明していきます。ニードルフェルトの一番の特徴は、やわらかさや形を自在にコントロールできることです。ニードルを刺す回数や、押さえる手の力加減でフェルト化の具合や大きさが変わるので、作りたいものの質感や用途に合わせて、フェルト化させていきます。ただし、羊毛は刺し過ぎると、繊維が切れてざらざらした手触りになってしまうので注意しましょう。

フェルト化する前の羊毛

やわらかい／羊毛の大きさはあまり変わらない
150回程度刺したもの
ふんわりとした軽い質感の表現に向いているが、パーツ同士はつなげにくい。

→

300回程度刺したもの
適度なかたさがあると、パーツ同士をつなげやすい。

→

かたい／もとの羊毛に比べてかなり小さくなる
500回以上刺したもの
かたく、しっかりした質感の表現に向いているが、パーツ同士はつなげにくい。

✤ フェルティング ニードルについて

フェルティングニードル（ニードルフェルトに使用する特殊な針）の性質を理解しましょう。普通の縫い針と大きく違うのは、針の先端部分に"バーブ"というギザギザした棘のようなものがついていることです。ニードルを羊毛に刺し入れると、繊維がバーブに引っかかり、ほかの繊維と絡み合うことでフェルト化します。バーブは斜めについているため、引き抜く時には繊維が引っかからない仕組みになっています。

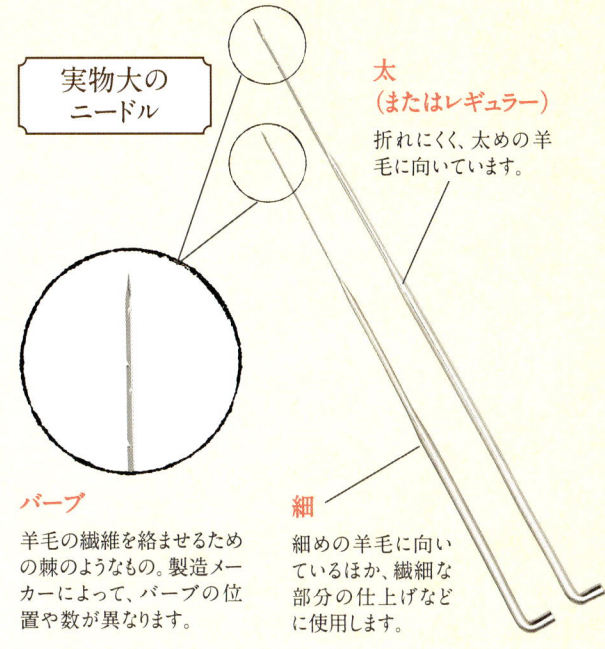

実物大のニードル

太（またはレギュラー）
折れにくく、太めの羊毛に向いています。

バーブ
羊毛の繊維を絡ませるための棘のようなもの。製造メーカーによって、バーブの位置や数が異なります。

細
細めの羊毛に向いているほか、繊細な部分の仕上げなどに使用します。

フェルト化の原理

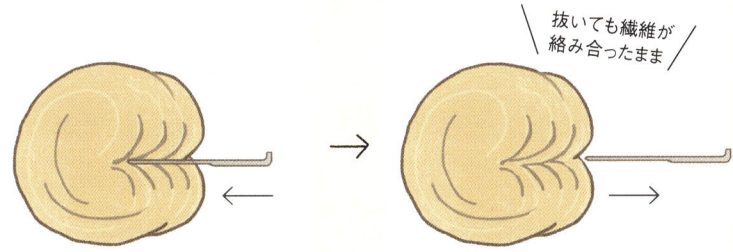

抜いても繊維が絡み合ったまま

刺す
バーブに引っかかった繊維が移動し、ほかの繊維と絡み合ってフェルト化します。

抜く
絡まった状態のまま羊毛はキープされ、抜く時にはバーブに繊維が引っかかりません。

フェルティングニードルの扱い方

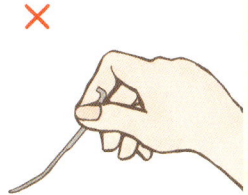

✕ **「まっすぐに刺してまっすぐに抜く」が基本！**
羊毛はニードルを刺した形に固まります。ニードルの進行方向に向かってまっすぐに刺し、来た道を戻るようにまっすぐ抜くのが基本です。無理な力をかけて軌道修正をしたり、ニードルをしならせたりすると折れてしまうので注意しましょう。

✕ **きつくフェルト化した箇所を無理やり刺さない**
きつくフェルト化した箇所には、力任せにニードルを刺し入れずに、すっと通れる箇所を探しましょう。羊毛の中でニードルが折れてしまうと、取り出すのは困難です。また、ニードルが飛んでケガをする恐れがあるので注意しましょう。

※ニードルで手を刺さないよう、十分に注意してください。ニードルは自分専用のものを用意し、共有しないようにしましょう。

羊毛について

羊毛は、品種によって毛質の違いがあります。また、現在では、加工の状態の違いでさまざまな種類の羊毛が市販されています。なかでも、一般的によく使用される数種類をご紹介します。

羊毛の種類

メリノ〔Merino〕
メリノは、羊毛のなかで最もポピュラーな品種で、繊維が細くてやわらかく、肌に優しいのが特徴です。縮れは少なめで、つやがあって繊細なので、本書では主にメリノを使用しています。

ロムニー〔Romney〕
ロムニーは、光沢と張りのある、毛の長い品種です。ウエットフェルトによく使用されますが、縮れが強くてニードルでもフェルト化しやすく、羊毛フェルトの材料としてはコリデールとの混紡がよくみられます。

コリデール〔Corridale〕
コリデールは、メリノとロムニーの中間くらいの、扱いやすい毛質です。やわらかくて適度にコシがあるので、どの羊毛フェルトの手法にも適しています。ロムニーと同様に、混紡したものがよくみられます。

羊毛の加工の状態

本書では、用途に合わせて、使いやすい状態で販売されている羊毛を使用しています。質感を表現したり、時間短縮できたりと、とても便利です。

スライバータイプ
繊維の方向を揃えて、細長く巻き取った状態で、一般的に市販されている羊毛の多くがこのタイプです。つやがあってカラーも豊富です。

シートタイプ
繊維をいろいろな方向に並べて薄いシート状にしたものです。適度な強度があり、毛羽立ちにくいのが特徴です。簡単にフェルト化させることができます。

わたタイプ
やわらかくて多少縮れの強い羊毛を、繊維の方向を揃えずにふっくらとしたわた状にしたものです。数回刺すだけでまとまるため、フェルト化しやすい状態です。

スカードタイプ
刈り取った羊毛を軽く洗い、自然なカールを残したタイプの羊毛です。羊のもこもこ感を活かした作品や、指でカールを伸ばして使っても楽しめます。

基本の用具と材料

ニードルフェルトに使用するのは、フェルティングニードルとパターンマット、羊毛の3つが基本です。
そのほかに、あると便利な用具をご紹介します。
※本書で使用している用具・材料は、すべてハマナカ（株）の商品です。

用具

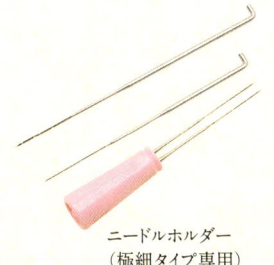
ニードルホルダー
（極細タイプ専用）

フェルティングニードル
先端にギザギザのバーブがついた、ニードルフェルト専用の針です。ニードルを2本セットして使えるニードルホルダーは、持ちやすく、早くフェルト化できるのでおすすめです。

裏面

パターンマット
ニードルで作業台を傷つけるのを防ぎます。工作用のカッティングマットでも代用可。マス目や用尺がついているものは、大きさの目安に使えて便利です。

フェルティング用マット
アップリケなど、厚みのない作品を作る際に、上から羊毛を刺しとめるために使用するスポンジ状のマットです。奥までしっかり刺せて、ニードルが折れるのを防ぎます。

指サック
人差し指〜薬指の3本にはめて使うフェルティングニードル用の指サックです。羊毛を上手く押さえながら、ニードルが手に刺さるのを防ぎます。

材料

フェルト羊毛
繊維の方向が揃っているスライバータイプの羊毛です。単色のほかに、混色されたもの、ナイロンが混紡されたものなど、種類が豊富です。

フェルケット
薄くシート状に仕立てた羊毛です。弾力があって毛羽立ちにくく、かたさが一定なので簡単に形を作ることができます。

ニードルわたわた
わた状に仕上げた羊毛は、軽く刺すだけできれいにまとまるので、大きな作品などのベースに便利です。

スカードウール
羊の自然なカールを活かした羊毛です。本書では生クリームの表現など、質感のアクセントとして使用しています。

羊毛フェルトの基礎知識　9

カラー羊毛一覧

本書で使用している羊毛のカラーをご紹介します。単色のほかに、混色されているものもあり、バリエーションが豊富です。
※本書では、ハマナカ(株)の羊毛を使用しています。番号は、ハマナカのカラーNO.です。

フェルト羊毛（スライバータイプ）

1	2	3	21	24
29	33	34	37	38
41	201	206	208	215
814	421			

フェルケット（シートタイプ）

| 102 | 103 | 104 | 204 | 320 |

ニードルわたわた（わたタイプ）

310

スカードウール（スカードタイプ）

611

用具・材料に関する
お問い合わせ

ハマナカ株式会社
〔京都本社〕〒616-8585 京都府京都市右京区花園藪ノ下町2-3　TEL075-463-5151
〔東京支店〕〒103-0007 東京都中央区日本橋浜町1-11-10　TEL03-3864-5151
ホームページ　http://www.hamanaka.co.jp/

上手な作品作りのための
コツと心得

ふわふわした羊毛で、立体的な形を作るためのコツと心得をおさえておきましょう。難しく考える必要はありません。
これらを念頭においておくことで、つまずいたときに解決の道しるべとなってくれるでしょう。

作りたい作品の形や質感をイメージしましょう

ニードルフェルトは、羊毛にニードルを刺せばフェルト化する、というシンプルな手芸だからこそ、"仕上がりのイメージ"をきちんと持つことが大切です。「こんな形にしたい」、「こんな質感にしたい」という作り手のイメージがあれば、どの時点を完成とするかが、明確になります。そうすれば、刺し過ぎて修正ができないほど失敗してしまう、なんてことも少なくなるでしょう。

ひと刺しひと刺しを丁寧に行いましょう

羊毛は柔軟性に富んだ素材で、ニードルを刺した通りに素直にフェルト化します。だからこそ、ニードルを「なんとなく」刺してしまうと、それがそのまま形として表れます。本書でこれから説明するように、羊毛にも押さえる力加減やニードルを刺す角度に、フェルト化の原理があります。ひと刺しひと刺しの意味を理解し、丁寧に刺し進めることが、イメージを形にする一番の近道です。

ベースとなる土台作りを大切にしましょう

土台のないところに家を建てるのはとても危険ですよね？ニードルフェルトも同様で、どんなに表面をきれいに仕上げても、土台が安定していないと、立体が傾いたり、底面が浮いてしまったりと、バランスの悪い作品になってしまいます。土台がしっかりしていれば、きれいな作品が作れるだけでなく、パーツをいくつも重ねて、大きな作品を作ることができて、作品のバリエーションも広がります！

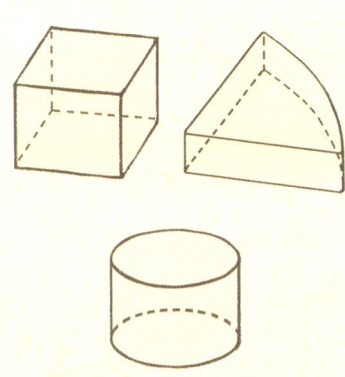

Lesson 1

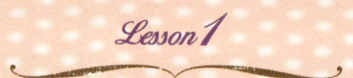

基本のテクニックと立体の作り方

どんな作品も、しっかりとしたベース作りがきれいな作品作りの基本となります。
まずは、基本となる「分け方・裂き方」、「巻き方・たたみ方」、「刺し方・押さえ方」と、
作品のベースとしてよく使用される、立体の作り方をマスターしましょう。

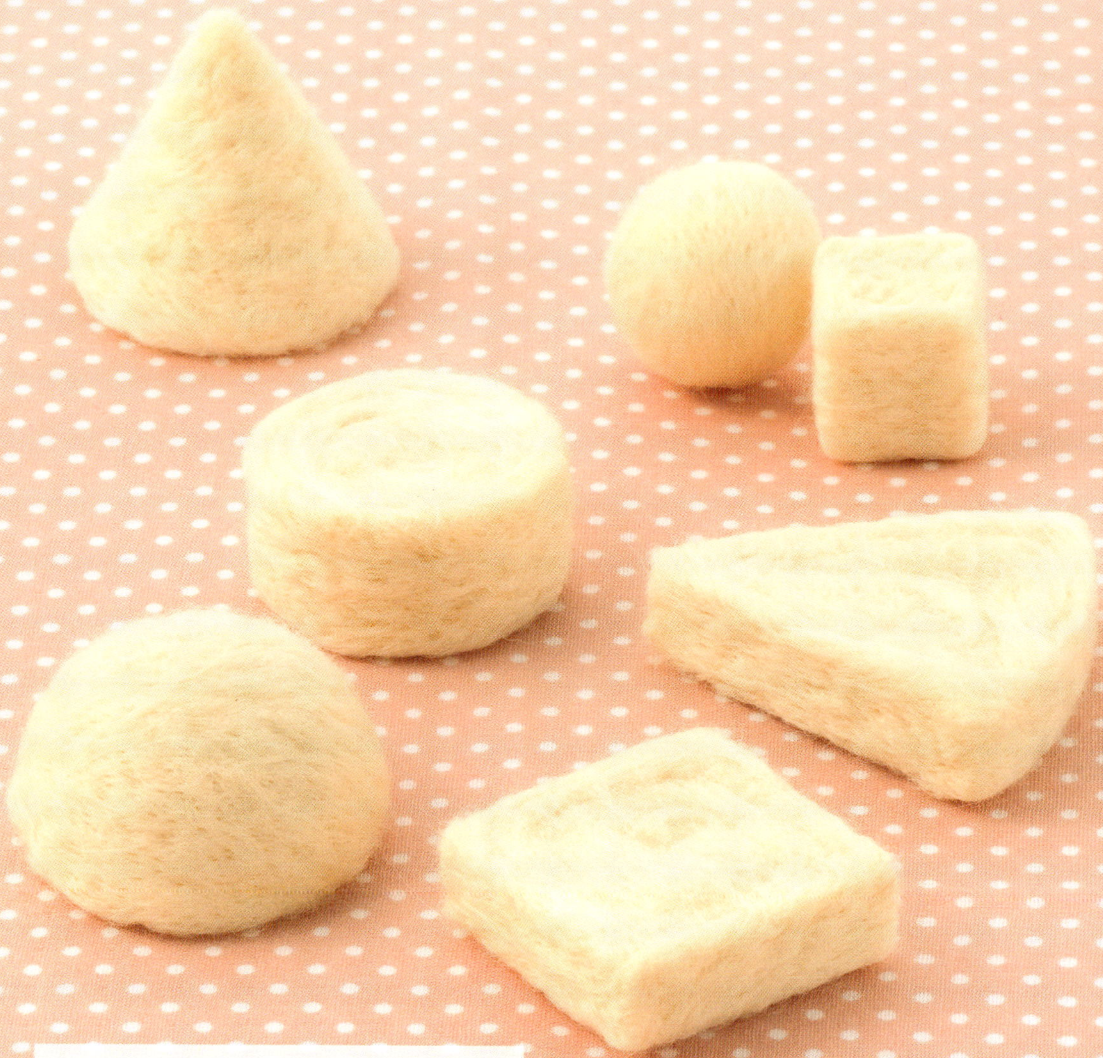

〈重心の位置とニードルを刺す方向〉の見方

矢印の色はニードルを刺し入れる深さです。

←- - - - 深刺し ←- - - - 中刺し ←—— 浅刺し

Basic Technic

羊毛の分け方・裂き方

羊毛の加工の状態によって、分け方、裂き方にコツがあります。
羊毛のやわらかさを活かし、毛先を自然になじませるためにも、羊毛を分ける際は、はさみを使わないようにしましょう。

🐏 フェルト羊毛（スライバータイプ）の長さの分け方

1	2	3	NG ✕
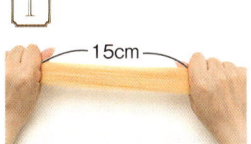	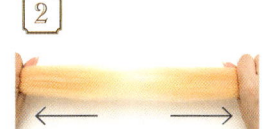		
分けたい位置を中心にして、両手を15cmほど離して羊毛を握る。	力を入れ過ぎないように、ゆっくりと左右に引っ張る。	繊維がほぐれて、中心からすっと分かれる。	両手の位置が近過ぎると、どんなに力を入れても羊毛は分けられない。

🐏 フェルト羊毛（スライバータイプ）の幅の分け方

1	2	3	NG ✕
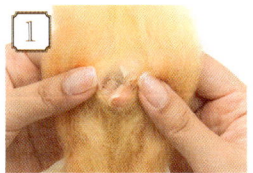	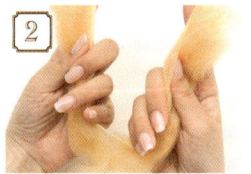	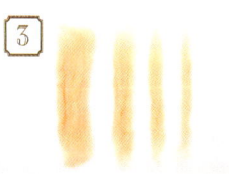	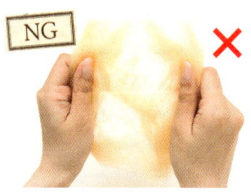
羊毛を両手で持ち、分けたい位置の中心に指を差し込む。	繊維の流れに沿って、指を使って左右が同量になるように分ける。	左から、1本、1/2量、1/4量、1/8量。	指を使わずに左右に引っ張ると、繊維がバラバラになって同じ分量に分けられない。

🐏 フェルケット（シートタイプ）の裂き方

1	2	3	NG ✕

手の間隔を開けずに、裂きたい部分を持って力を入れてちぎる。	羊毛が伸びないように、指の位置を少しずつずらして、裂け目から手が離れないようにする。	裂け目が曲がらないように、まっすぐに端まで裂く。	手の間隔を開けてしまうと、羊毛が伸びて裂けない。

🐏 ニードルわたわた（わたタイプ）の裂き方

1	2	3	NG ✕
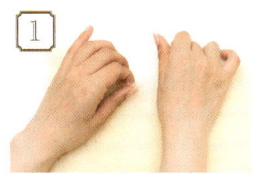	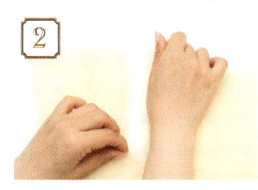	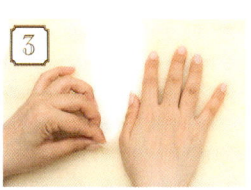	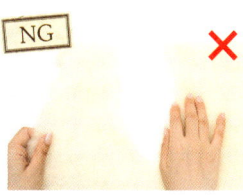
作業台に羊毛を置き、裂きたい部分を片腕で押さえ、端から少しずつ裂く。	裂く方の手は、常に裂く位置にずらす。	羊毛がずれないように、押さえる手もずらしながら端まで裂く。	端をつかんで引っ張ると、羊毛が伸びて裂けない。

Lesson 1　基本のテクニックと立体の作り方

Basic Technic

羊毛の巻き方・たたみ方

ニードルフェルトは、"巻き方、たたみ方"で作品の出来がほぼ決まるといっても過言ではありません。
仕上がりの形をイメージしたら、その形になるように羊毛を巻き、たたむことが大切です。
羊毛から手を離すと空気が入り、広がってしまうので注意しましょう。

平行巻き
円柱や四角柱、おうぎ形などを作るときに使われる巻き方です。

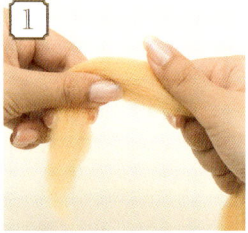

1. 端を少し長めに取って、写真のように両手で持つ。

2. 端を2つに折りたたむ。

3. 中心は芯になるので、すき間ができないよう、羊毛を押し込みながらきつく巻く。

4. 手首を使って羊毛を回しながら少しずつ巻いていき、反対側の手で羊毛を引っ張り、幅が均一になるように調節する。

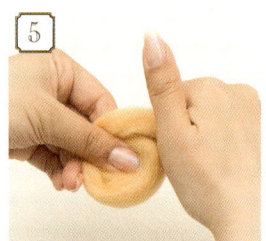
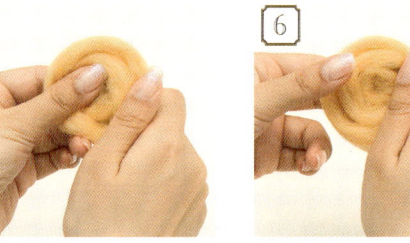

5. 両手の親指で中心を交互に押さえながら、羊毛が緩まないように巻く。手を離さないように注意する。

6. 巻き終わりは、毛先を自然になじませる。

7. 手を離さずにマットの上に置き、横から巻き終わりを深刺しで刺しとめる。
※実際は、深刺しが終了するまで手を離さないようにする。

かぶせ巻き
ドーム型などの、平面でない立体に使われる巻き方です。

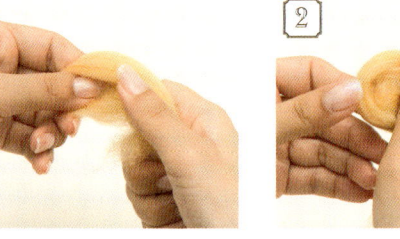

1. 平行巻きと同様に、端を2つに折りたたむ。

2. 3回ほど平行巻きをする。

3. 空気が入らないように親指で中心を押さえ、上面を半分ほど覆うように羊毛をかぶせる。

 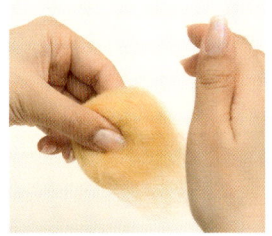 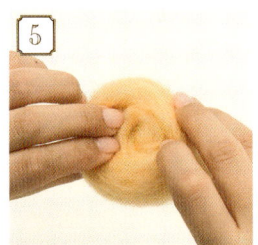 

④ かぶせた羊毛の上から中心を押さえる。空気を抜きながら片手で羊毛を回し、反対側の手で羊毛をかぶせる。これを繰り返し、巻き終わりを自然になじませる。

⑤ 裏側は平行巻きのような渦巻き状になる。

⑥ 手を離さずにマットに置き、横から巻き終わりを深刺しで刺しとめる。
※実際は、深刺しが終了するまで手を離さないようにする。

たたみ巻き
あまり厚みの出ないものや、変則的な形に使われます。

① 羊毛を作業台に置いて、繊維と同じ方向に端から折りたたむ。

② 親指でしっかりと空気を抜きながら巻く。

③ 手を離さないように、同じ幅に巻いていく。

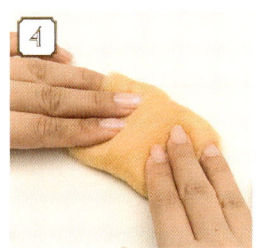 

④ 巻き終わりは、毛先を自然になじませて、しっかりと空気を抜く。

⑤ 手を離さずに、繊維と平行に巻き終わりを深刺しで刺しとめる。
※実際は、深刺しが終了するまで手を離さないようにする。

NG

平行巻き ×

指を巻き込む
指を抜いた際に羊毛にすき間ができてしまい、きちんと巻けない。
その他 ・羊毛をねじる
・緩め過ぎ

かぶせ巻き ×

羊毛をねじる
ねじれた部分がフェルト化させた際にかたくなり、均一なかたさにならない。
その他 ・羊毛を引っ張り過ぎる
・羊毛をかぶせきれない

たたみ巻き ×

羊毛を左右に引っ張る
羊毛が左右に分かれてしまい、幅や密度が均一にならない。
その他 ・途中でたたむ方向が曲がる

Basic Technic

基本姿勢とニードルの刺し方・羊毛の押さえ方

羊毛はニードルを刺すことで自然にフェルト化しますが、効率よくフェルト化させるための基本姿勢や、作りたい形によってニードルを刺す方向、押さえる手の力の入れ方にもコツがあります。

基本姿勢とニードルの刺し方

作業台に体を近づけて座り、マットを作業台の手前に固定します。羊毛が自分の目線の真下にくるようにして、重心の位置や直線、角度を的確に捉えましょう。ニードルを持つ手と羊毛を押さえる手は、ハの字になるように肘の位置を固定します。ニードルを持つ手の位置をなるべく変えないようにして、羊毛を回転させながら同じ回数ずつ刺し進めると、刺しムラが出来にくくなります。刺す位置が見えやすいように、押さえる手の親指はできるだけ開きましょう。

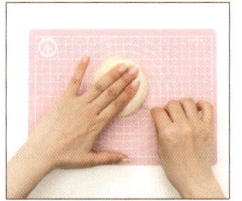

ニードルを持つ手と、羊毛を押さえる手をハの字にします。

マットを作業台の手前に固定し、羊毛が自分の目線の真下にくるように座ります。

ニードルの持ち方

横から刺す場合
親指、人差し指、中指の3本でニードルを真上から持ちます。薬指の側面にニードルの端が当たるようにして、ニードルがずれないように固定します。

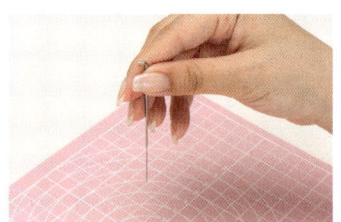

上から刺す場合
ニードルを真下に向けて、横から刺す場合と同様に3本の指で持ち、残りの指を軽く添えます。

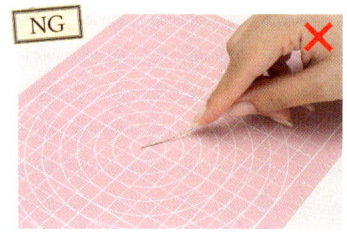

上から押さえつけない
人差し指でニードルを上から押さえつけるように持つのはNG。奥まで刺せないうえに、ニードルがしなって折れる原因になります。

ニードルを刺す方向の考え方

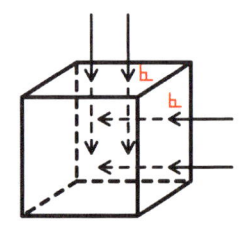

平面に対して
平面を作る場合は、常に面に対して垂直にニードルを刺します。横から刺す場合はマットと平行に、上から刺す場合はマットと垂直になります。

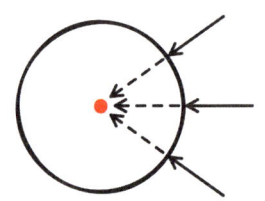

曲面に対して
曲面を作る場合は、ニードルは重心に向かってまっすぐに刺します。ドーム型やボール型は、重心の位置を捉えることが大切です。

ニードルを刺し入れる深さ

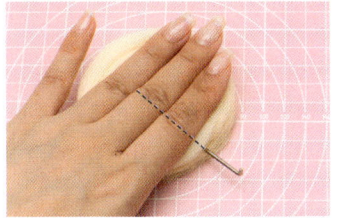

深刺し
ニードルを奥までしっかりと刺すことで、立体を安定させるための"芯"を作ることができます。はじめに、形を作る工程でよく行います。

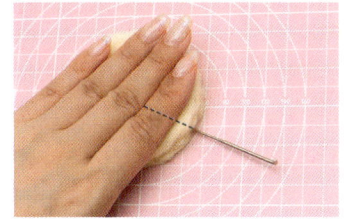

中刺し
立体の厚さや大きさを調節しながら、イメージするかたさにフェルト化することができます。深刺しの後によく行います。

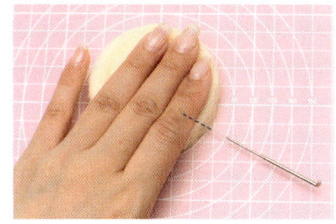

浅刺し
フェルト化されていない箇所を重点的に刺すことで、表面の凹凸をなめらかに整えることができます。中刺しの後の微調整や仕上げによく行います。

羊毛の押さえ方

ニードルを横から刺す場合、羊毛は指の腹全体を使って押さえます。平面を押さえる際は指をまっすぐに揃えて、曲面を押さえる際は手をやわらかく使って形に添わせます。ニードルを上から刺す場合は、親指と人差し指で羊毛をはさむようにして押さえます。

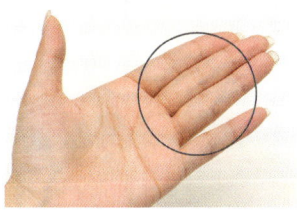

羊毛を押さえる力の原理

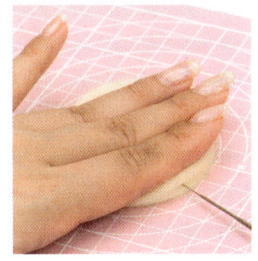

押さえる力が強い
繊維が密集して、ひと刺しでたくさんの繊維を絡ませることができるので、早くフェルト化させることができます。また、羊毛がニードルを刺した勢いで内側に縮み過ぎるのを防ぎます。

押さえる力が弱い
繊維が密集していないので、ひと刺しでフェルト化される量は少なめです。羊毛は刺した通りに固まるので、1cmの厚さに仕上げたい場合は、羊毛を1cmの厚さに押さえます。

その他の役割

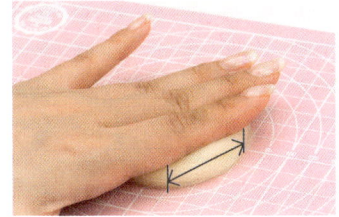

刺す範囲の目安に
人差し指の外側から見える範囲をニードルで刺します。羊毛を一定の角度で回転させながら刺し進めます。

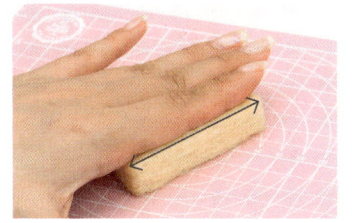

直線や角度の目安に
人差し指の外側の直線が定規の代わりになります。角を作るときにも役立ちます。

形をキープする
上から刺す場合など、親指と人差し指で立体をはさんで、立体の厚みや平行具合をキープするのに使います。

基本の立体・1
ドーム型

かぶせ巻きで作るドーム型は、ニードルを重心に向かって刺すので手に刺さりにくく、挑戦しやすい形です。きれいな半円をイメージして作りましょう。

❋ 重心の位置とニードルを刺す方向

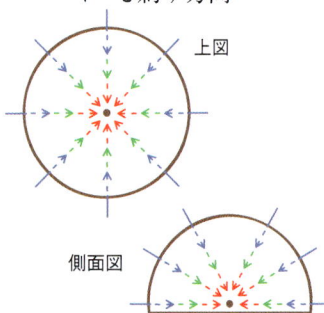

上図
側面図

矢印の色はニードルを刺し入れる深さです。
← --- 深刺し　← --- 中刺し　← --- 浅刺し

かぶせ巻きをする

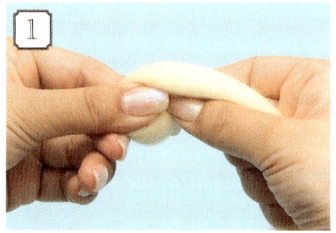

1. P.14を参照して、かぶせ巻きをする。中心の芯になる部分は、すき間ができないようにきつく巻き込む。

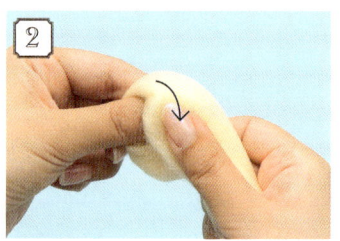

2. 2〜3回平行に巻いたら、上面を半分ほど覆うように羊毛をかぶせる。

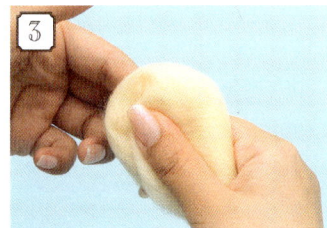

3. 空気を抜くように中心を親指で押さえて羊毛を回し、同様にもう半分に羊毛をかぶせていく。

4. 羊毛を端までかぶせ巻きしていき、巻き終わりを自然になじませる。

5. 裏面は平行巻きのような渦巻き状になる。

巻き終わりを刺しとめる

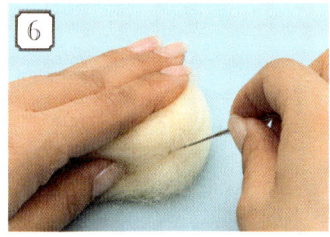

6. 空気が入らないよう、手を離さずにマットに置き、巻き終わりを重心に向かって深刺しで刺しとめる。

深刺しする

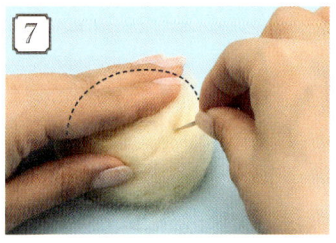

7. 羊毛が潰れない程度に上から強めに押さえ、中心部に芯を作るように、まんべんなく3〜5周深刺しする。

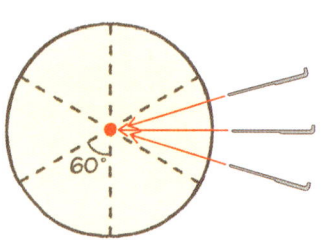

60°の範囲ずつフェルト化していくと、刺しムラができにくい。

中刺しする

⑧ 深刺し終了。上から押してみて、底面の中心部がしっかりフェルト化されているか確認する。

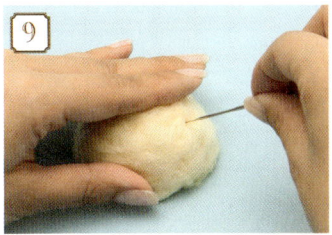

⑨ 中間部分をまんべんなくフェルト化させるよう、3〜5周中刺しする。仕上がりの高さを意識して押さえる。

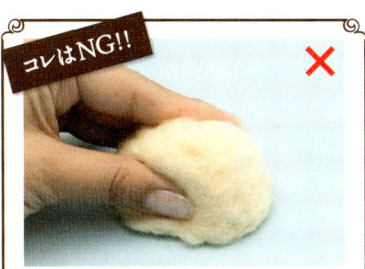

コレはNG!! ✕

指でつまむように押さえるのはNG。羊毛の密度が均一にならず、いびつな形にフェルト化されてしまう。

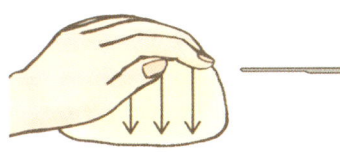

押さえる手はドーム状に。マットを上手く利用して、押さえる力は下へ。

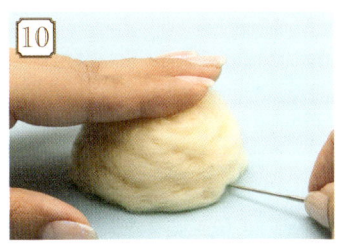

⑩ 底面のふちがきれいな円形になるよう、中〜浅刺しで底面に押し込むようにふちを整える。

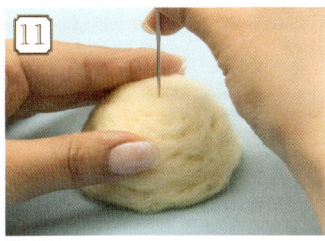

⑪ ニードルを真上から垂直に数回刺して、高さを調節する。

浅刺しで仕上げる   ## 完成

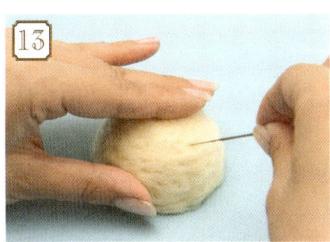

⑫ 中刺し終了。手で触って刺しムラがないか確認し、高さや形はこの時点でほぼ完成の状態に仕上げる。

⑬ 浅刺しで表面のフェルト化されていない部分を丁寧に刺し、凹凸をなくして刺し穴を目立たなくする。

⑭ 完成。表面がなめらかなドーム型が理想。直径の半分の高さにすると、きれいな半円になる。

リカバリーテクニック

奥まで刺せていない！
裏側の中心を押すとへこんでしまうのは、深〜中刺し不足が原因。

→

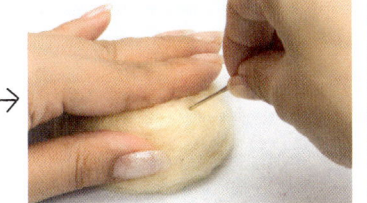

強めに押さえて深刺しする
少ない回数で中心部をフェルト化させるために、強めに押さえて深刺しし、芯を作る。

Lesson 1 基本のテクニックと立体の作り方

基本の立体・2

円柱

平行巻きで作る円柱は、作りたい厚さに合わせて羊毛の量や、押さえる手の力加減を調整して作ります。ふちはより丁寧に刺しましょう。

❋ 重心の位置とニードルを刺す方向

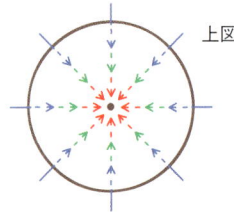

上図

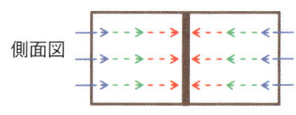

側面図

平行巻きをする

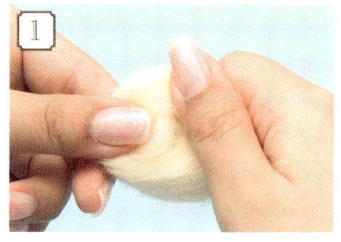

1 P.14-15を参照して平行巻きをする。中心の芯になる部分は、すき間ができないようにきつく巻き込む。

2 手首を使って羊毛を回しながら、羊毛の幅が均一になるように巻く。

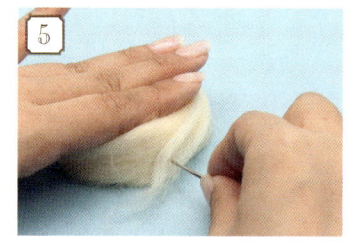

3 両手の親指で交互に羊毛を押さえながら、全体が緩まないように羊毛を端まで巻く。

4 巻き終わりを自然になじませ、横から見て、ほぼ同じ厚さになっているか確認する。

巻き終わりを刺し止める

5 空気が入らないよう、手を離さずにマットに置き、巻き終わりを重心に向かって深刺しで刺しとめる。

深刺しする

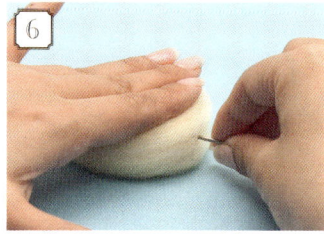

6 指をまっすぐに揃えて羊毛を真上からしっかりと押さえ、3〜5周深刺しする。

7 指に近い部分は刺しにくいので、途中で裏返して、まんべんなく刺す。

8 深刺し終了。上から押してみて、中心部がしっかりとフェルト化されているか確認する。

中刺しする

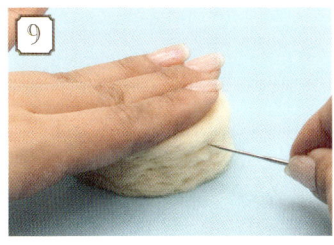

9 仕上がりの厚さを意識して羊毛を押さえ、3～5周中刺しする。途中で裏返してまんべんなく刺す。

刺しやすい中間部分がえぐれてしまいがち。上下の際まで、全体を同じ回数ずつ刺すように心がける。

10 中刺し終了。上から押してみて、フェルト化されていないところがないか、厚さが均一かを確認する。

浅刺しで仕上げる

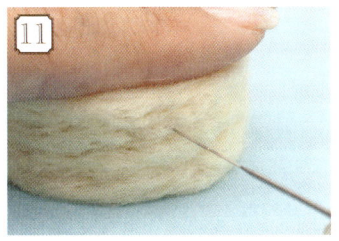

11 羊毛の厚さをキープする程度に押さえ、表面のフェルト化されていない部分を刺して凹凸をなくす。

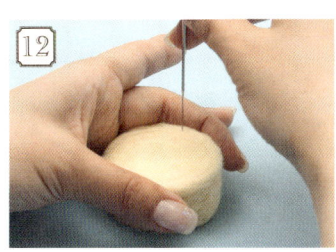

12 ニードルを立てて持ち、両面のふちを、手で形をキープしながら浅刺しでしっかりと立たせる。

完成

13 底面がマットから浮かず、均一な厚さが理想。

薄い円柱の場合

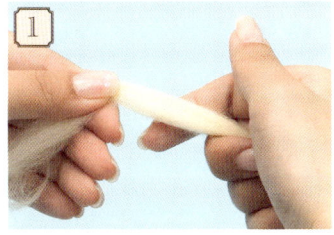

1 羊毛を仕上がりの厚さをイメージして細く分け、平行巻きをする。

Point 大きさが足りない場合は、羊毛の巻き終わりともう1本の羊毛の端を両方つかんで、一緒に巻いていく。

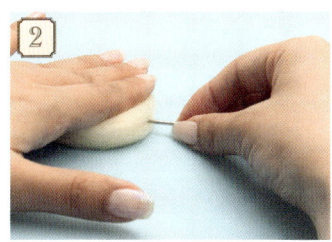

2 通常の円柱と同様に、深～中刺しする。羊毛が縮みやすいので、通常よりも強めに押さえる。

完成

コレはNG!! ✗
薄い円柱の場合、上面と底面のふちが丸みを帯びやすいので、12のように、ふちをしっかりと立てる。

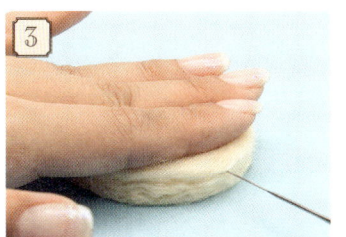

3 仕上がりの厚さに羊毛を押さえ、表面の凹凸をなくし、ふちがきれいな円形になるように浅刺しで整える。

4 薄い円柱は、刺し固めていくうちに縮んで小さくならないよう、強めに押さえて大きさと厚さをキープする。

基本の立体・3

四角柱

四角柱は、羊毛を平行巻きする段階で角になる部分を緩めることが大切です。押さえる手の人差し指の直線を利用して、角が直角になるように意識しましょう。

※ 重心の位置とニードルを刺す方向

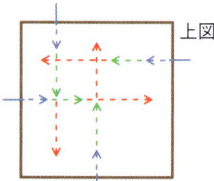

上図

側面図

◈ 平行巻きをする

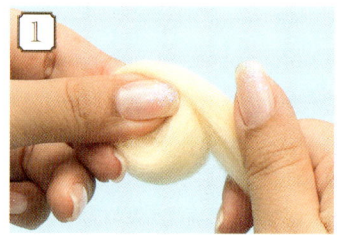

1

P.14-15を参照して平行巻きをする。中心の芯になる部分は、すき間ができないようにきつく巻き込む。

◈ 角を緩めて巻く

2

厚さを調節しながら2〜3回巻いたら、角になる部分を少し緩めて巻く。

3

中心部が緩まないように、しっかりと指で押さえながら、4つの角を緩めて巻く。

4

巻き終わりを自然になじませる。きちんと4つの角が緩んでいる状態。

◈ 巻き終わりを刺しとめる

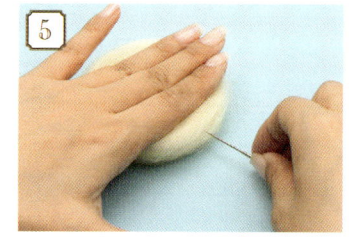

5

指を揃えて羊毛を真上からしっかりと押さえ、巻き終わりを重心に向かって深刺しで刺しとめる。

◈ 深刺しする

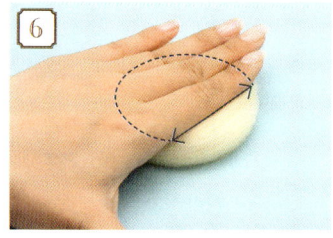

6

人差し指の直線を辺になる位置にあてて、羊毛を押さえる。

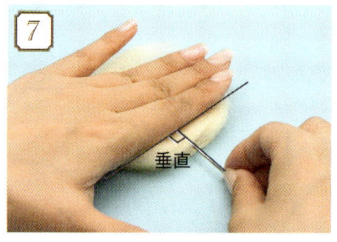

7

真上から強めに羊毛を押さえ、ニードルを人差し指と垂直に深刺しし、羊毛の丸みを平らにする。

垂直

8

一辺深刺し終了。ほぼ直線になっているかを確認する。

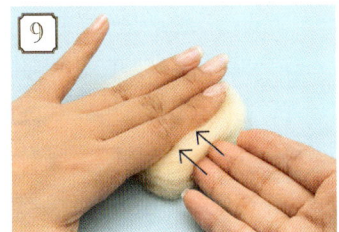
羊毛を裏返して90°回転させ、一辺目と同様に押さえる。羊毛を横から軽く押して二辺目を刺しやすくする。

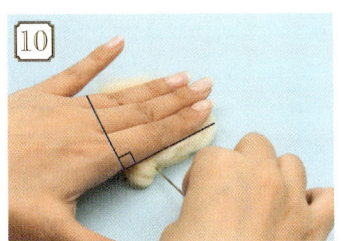
二辺目を深刺しする。羊毛が動かないようにしっかりと押さえて、角が直角になるようにする。

二辺目深刺し終了。正方形の場合は、辺が同じ長さになっているかを確認する。

中刺しする

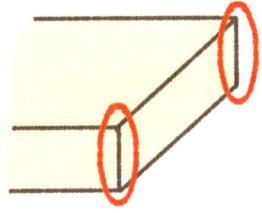
角の付近は、内側に縮まないように浅刺し気味にして、端まで垂直にニードルを刺す。

同様にして、残りの二辺も裏返しながら深刺しし、すべての角がほぼ直角になるようにする。

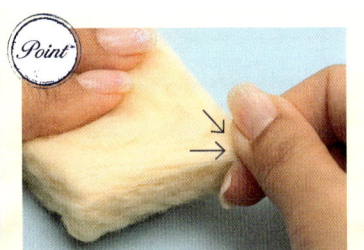
Point
角が丸くなってしまったら、指で角をつまんで軽く引っ張り出し、再度面に対して垂直に、優しく中刺しする。

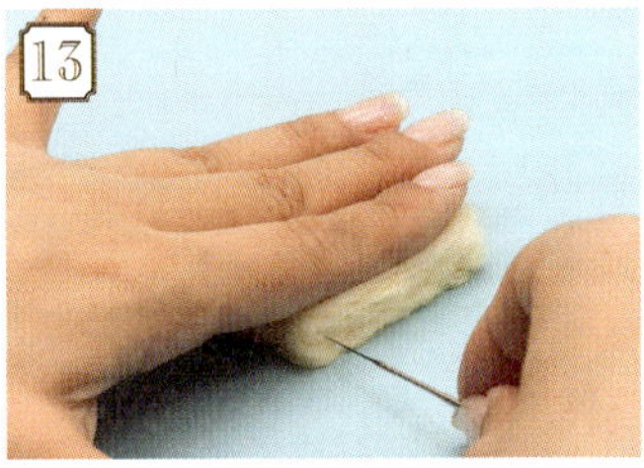

浅刺しで仕上げる

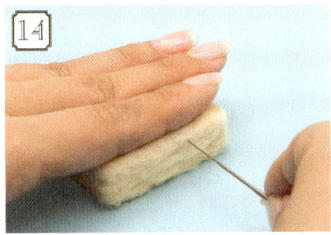
3〜5周浅刺しして、表面の凹凸をなくし、すべての角とふちが立つように整える。

完成

完成。すべての角が直角になるのが理想。

リカバリーテクニック

Before
辺が直線でない
辺が直線にならず、膨らんでしまっている。角の付近を刺し過ぎているのが原因。

①上部のふちの中心を斜め下に向かって刺す。②裏返して同様にする。③側面と垂直に中心部を刺して平らにする。

After
辺がすべて直線に
辺が直線になると、角も自然と直角になる。

基本の立体・4

おうぎ形

おうぎ形は、直線の二辺と曲線の一辺で、ニードルを刺す方向が異なります。曲線が膨らみ過ぎないように、ケーキの1ピースをイメージしましょう。

※ 重心の位置とニードルを刺す方向

上図

側面図

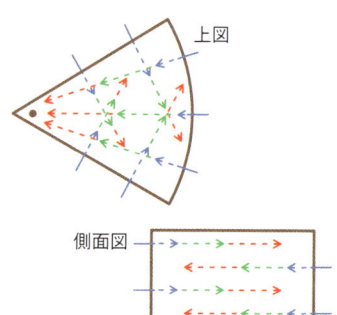

平行巻きをする

1 P.14-15を参照して平行巻きをする。中心の芯になる部分は、すき間ができないようにきつく巻き込む。

角を緩めて巻く

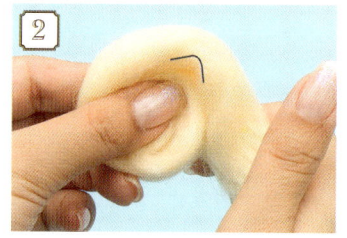

2 厚さを調節しながら2～3回巻いたら、角になる部分を少し緩めて巻く。

3 中心部が緩まないように、しっかりと指で押さえながら、3つの角を緩めて巻く。

巻き終わりを刺しとめる

4 巻き終わりを自然になじませ、手を離さずにマットに置き、巻き終わりを重心に向かって深刺しで刺しとめる。

深刺しする

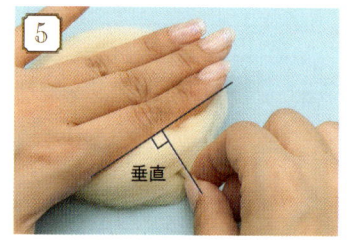

5 指を揃えて羊毛を真上から押さえ、人差し指の直線を辺になる位置にあてる。人差し指と垂直に深刺しする。

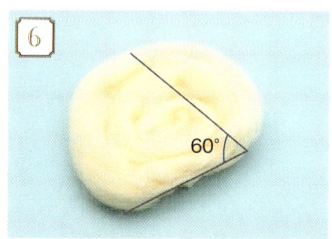

6 一辺目深刺し終了。一辺目から60°の角度上に、二辺目の位置を確認する。

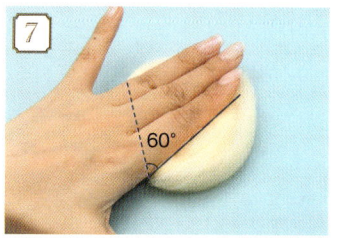

7 羊毛を裏返して120°回転させ、一辺目と同様に押さえる。

8 羊毛を横から軽く押して、二辺目を刺しやすくする。人差し指と垂直に深刺しする。

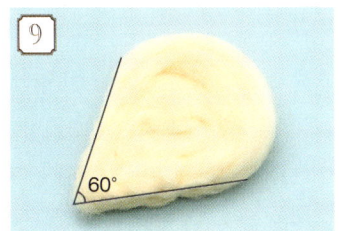

9 二辺目深刺し終了。角が60°になっているかを確認する。

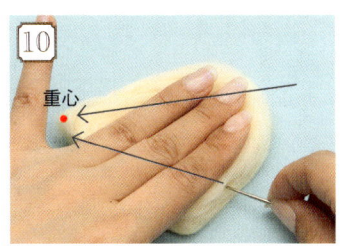

10 羊毛を裏返して120°回転させ、残りの一辺は曲線になるよう、重心に向かって深刺しする。

11 深刺し終了。

中刺しする

12 途中裏返しながら、3〜5周中刺しする。直線と曲線で刺す方向が違うので、間違えないよう気をつける。

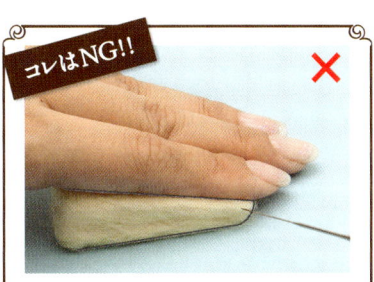

コレはNG!!
角を押さえる場合は、人差し指の指先に力が入りやすいので、角が潰れて斜面にならないように気をつける。

13 中刺し終了。曲線が膨らみすぎていないか確認する。

浅刺しする

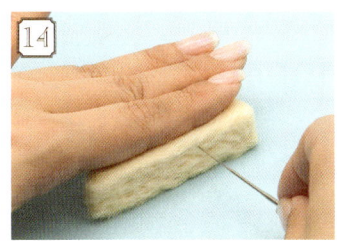

14 途中裏返しながら、3〜5周浅刺しする。表面の凹凸をなめらかにし、ふちを立てる。

15 角が丸みを帯びている場合は、親指と人差し指で角をはさみ、先端を両脇から浅刺しして、角を仕上げる。

完成

16 完成。同じ立体を6個つなげた際に、360°のきれいな円形になるのが理想。

リカバリーテクニック

Before → 角を下げて曲線を作る → After

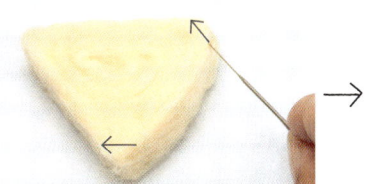

直線と曲線の区別がつかない
曲線を作る際に、きちんと重心に向かって刺さなかったのが原因。

角を下げて曲線を作る
曲線になる辺の両端の角を、外側に向かって斜めに刺し、角の位置を下げる。

曲線がひと目で分かる!
P.23のリカバリーテクニックで、残りの二辺もきれいな直線に仕上げる。

基本の立体・5

円すい

円すいは、羊毛の巻き方が特徴的で、巻き終わりの形が円すい状になることが大切です。平面ではないので、羊毛の押さえ方にも気をつけましょう。

※ 重心の位置とニードルを刺す方向

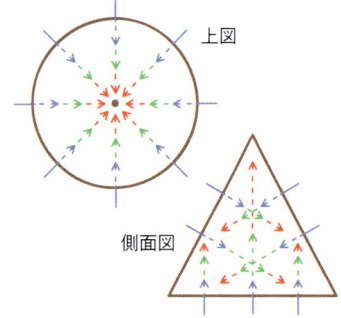

上図 / 側面図

❧ 羊毛を半分にたたむ

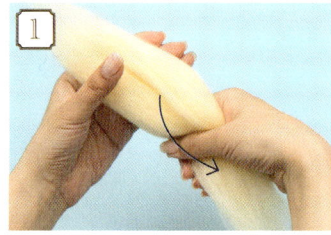

1　羊毛をやや広げて、半分に折りたたむ。

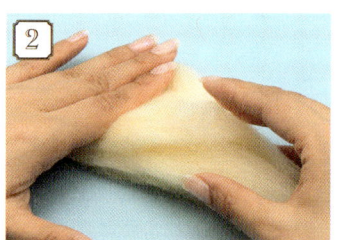

2　折りたたんだ部分を手で押さえ、空気を抜く。

〈羊毛のたたみ方〉

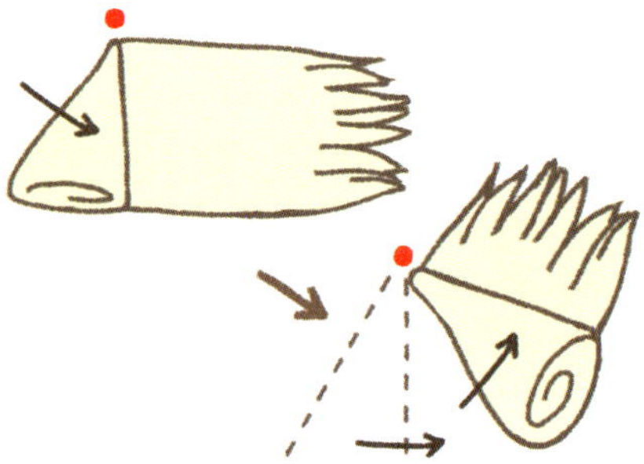

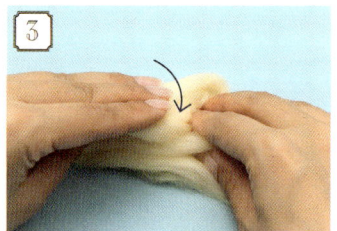

3　左図の〈羊毛のたたみ方〉を参照して、角を三角に折る。

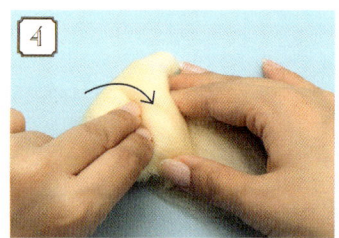

4　さらに三角に折る。

❧ 巻き終わりを刺しとめる

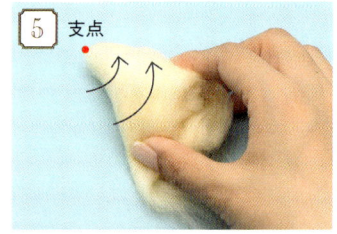

5　支点
●を支点にして、円すい状に巻き、巻き終わりを自然になじませ、軽く刺しとめる。

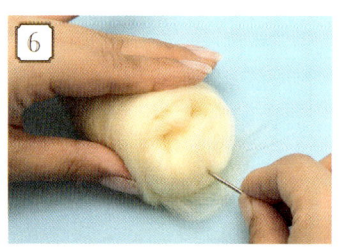

6　形をキープするように、親指を添えて上から軽く押さえる。羊毛を回しながら、底面を奥まで深刺しする。

7　底面の深刺し終了。立てられるくらいに平らにする。

深刺しする

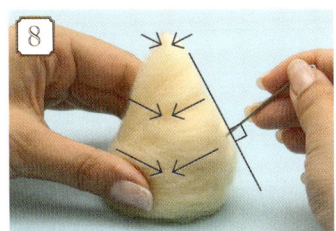

下へ押し付けるように指で軽くつまみ、斜面に対して垂直に3～5周深刺しする。

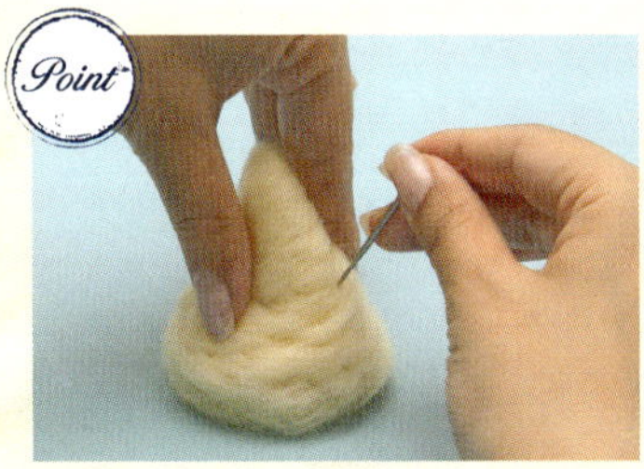

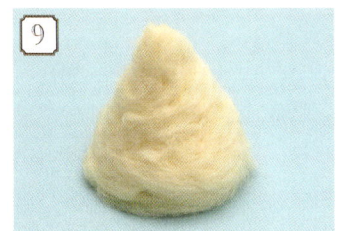

上に行くにつれて、上からつまむように押さえ、マットの力を利用してフェルト化させる。

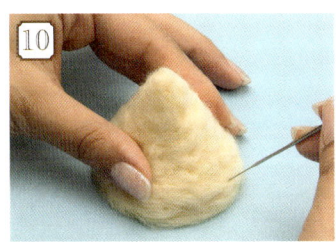

深刺し終了。やや下膨れになる。

中刺しする

下部を刺すと高さが出るので、8を参照して刺す角度を正確に保ち、下膨れを調節しながら、3～5周中刺しする。

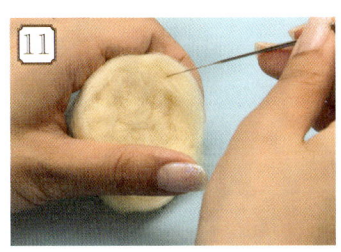

円すいを倒し、底面のふちを垂直に中刺しして整える。人差し指のカーブを使ってふちの形をキープするように押さえる。

浅刺しで仕上げる

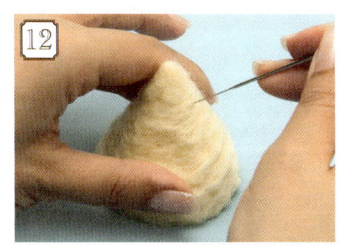

3～5周浅刺しして、表面の凹凸をなくす。

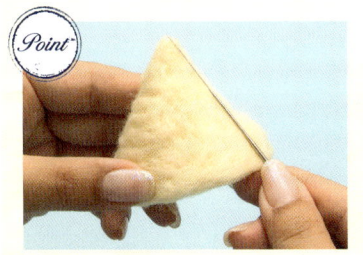

ニードルを斜面に当てて、直線になっているかを確認するときれいな円すいが作れる。

完成

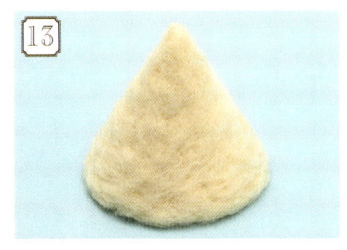

完成。底面がきれいな円形で、どこから見ても斜面が直線になっているのが理想。

リカバリーテクニック

Before

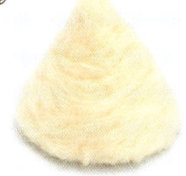

円すいの高さが足りない

高さが足りない場合、無理に下部を刺さずに、羊毛を巻き足す。

→

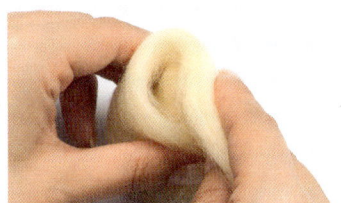

下は薄め、上は厚めに巻く

羊毛は、下部を薄めに、上に行くにつれて厚く巻き足してフェルト化させる。

→

After

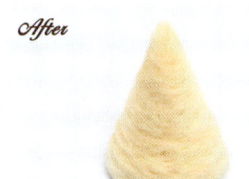

約2倍の高さに

ベースとほぼ同量の羊毛を足すと、2倍の高さになる。

基本の立体・6
だ円形

だ円形は、円柱（P.20-21）の応用です。重心が点ではなく線状なので、ニードルを刺す方向に気をつけ、曲線が左右対称になるようにしましょう。

※ 重心の位置とニードルを刺す方向

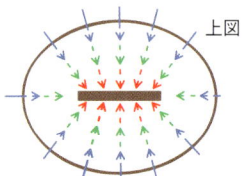
上図

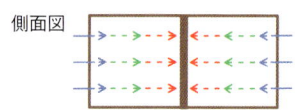
側面図

平行巻きをする

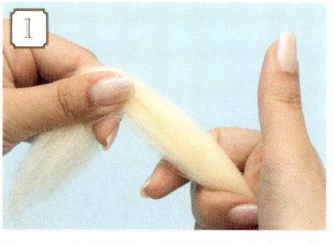

1. P.14-15を参照して平行巻きをする。仕上がりの厚さをイメージして羊毛の量を調節する。

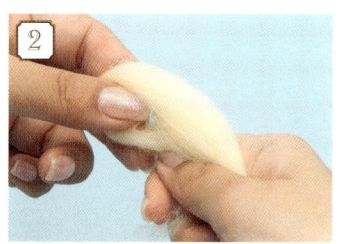

2. 端を2つ折りにする。

3. 中心の芯になる部分は、すき間ができないようにきつく巻き込む。

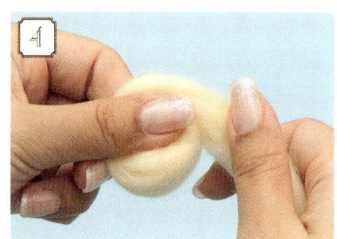

4. 手首を使って羊毛を回しながら、羊毛の幅が均一になるように巻く。

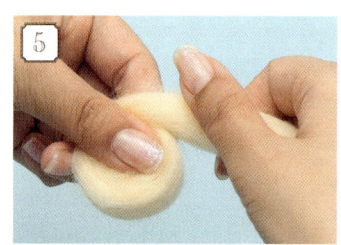

5. 全体が緩まないように、両手の親指で交互に羊毛の中心を押さえながら巻く。

6. 最後のふた巻きは、やや緩めに巻く。

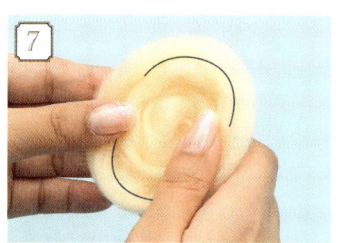

7. 巻き終わりがだ円形になり、カーブのきつい曲線に位置する羊毛が緩んでいる状態にする。

巻き終わりを刺しとめる

8. 巻き終わりを自然になじませ、深刺しで刺しとめる。

深刺しする

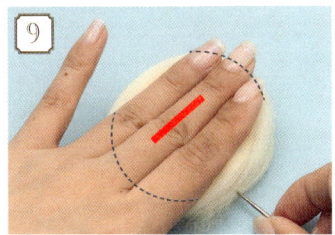

指をまっすぐに揃えて羊毛を真上からしっかりと押さえ、重心に向かって3〜5周深刺しする。途中裏返す。

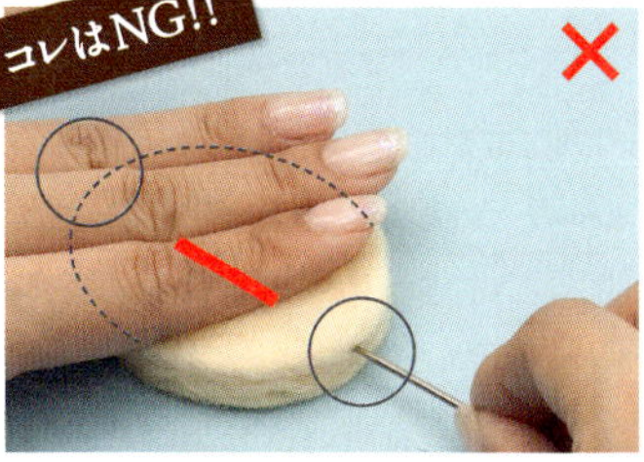

カーブのきつい曲線部分は、深刺しNG。この範囲は中刺し気味にして、内側に縮まないようにする。

深刺し終了。カーブの大きさが左右対称になるようにする。

中刺しする

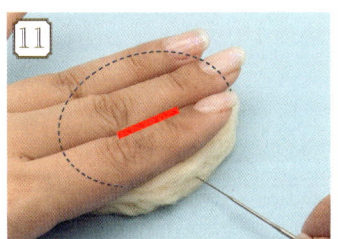
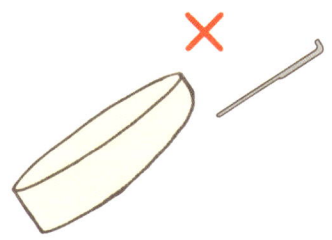

仕上がりの厚さを意識して羊毛を押さえ、3〜5周中刺しする。途中で裏返してまんべんなく刺す。

底面のふちは、上からしっかりと押さえながらフェルト化させないと、内側に縮んで丸くなってしまう。

中刺し終了。上から押してみて、フェルト化されていないところがないか、厚さが均一かを確認する。

浅刺しで仕上げる

完成

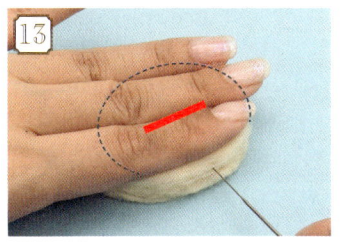

バナナ（P.48）に応用！

重心の位置に気をつけながら、3〜5周浅刺しして、ふちを立たせ、表面の凹凸をなくす。

完成。カーブの大きさが左右対称になっているのが理想。

リカバリーテクニック

Before

円柱になってしまった
重心が点になってしまったのが原因。

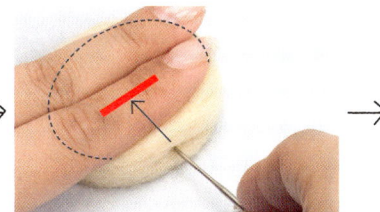

羊毛をほぐして重心を修正する
羊毛を軽く手でほぐし、深刺しで一方の幅を縮めて、曲線を中刺しで整える。

After

左右対称のだ円形に
重心の位置が線状になり、カーブの大きさが左右対称の、きれいなだ円形に。

Lesson 1 基本のテクニックと立体の作り方

基本の立体・7

キューブ型

平行巻きで作るキューブ型は、辺の長さを揃えて角が90°になるように意識しましょう。横からと上からのふた通りの刺し方で作るのもポイントです。

❋ 重心の位置とニードルを刺す方向

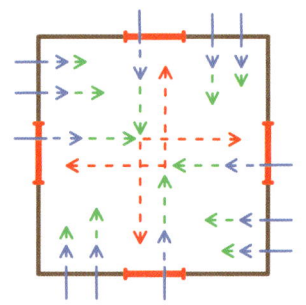

※辺の中心部は奥まで刺す。角の付近は中～浅刺しで。

❖ 平行巻きをする

1. P.14-15を参照して平行巻きをする。仕上がりの辺の長さがすべて同じになるように、羊毛の幅を調節する。

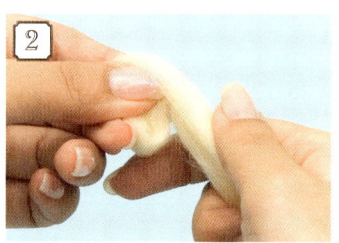

2. 中心の芯になる部分は、すき間ができないようにきつく巻き込む。

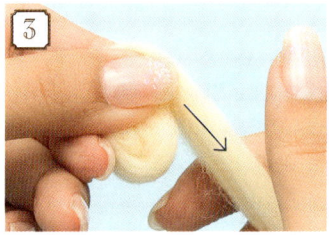

3. 羊毛を軽く引っ張りながら、両手の親指で交互に中心を押さえ、羊毛が緩まないようにぴったりと巻く。

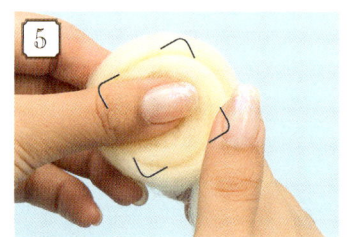

4. 高さを調節しながら2～3回巻いたら、角になる部分を少し緩めて巻く。

5. 中心部が緩まないように、しっかりと指で押さえながら、4つの角を緩めて巻く。

❖ 巻き終わりを刺しとめる

6. 巻き終わりを自然になじませ、羊毛を真上から押さえて深刺しで刺しとめる。

❖ 深刺しする

7. P.22-23の四角柱を参照して、深刺しで4つの辺を作る。角の付近は中刺し気味にする。

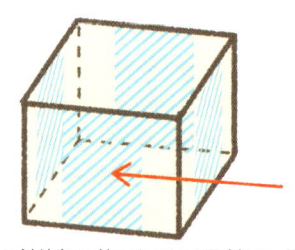

青の斜線部は勢いをつけて深刺しし、均一に側面の高さを出す。

中刺しする

深刺し終了。この時点ではまだ側面に比べて上面と底面の面積が広く、四角柱の状態。

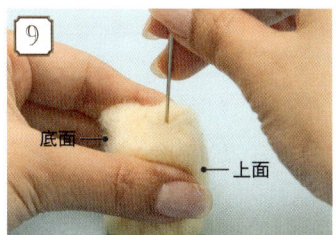

側面が下にくるように置き換え、羊毛を横から押さえて側面4面をニードルを立てて3〜5周中刺しする。

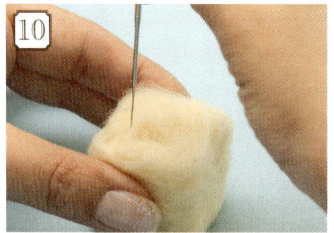

すべての面の面積がほぼ同じになったら、刺していない上面と底面も上から中刺しする。

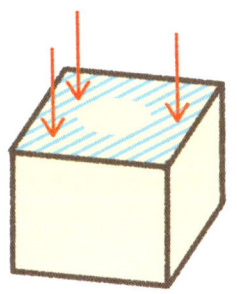

青の斜線部は、勢いをつけずに優しく刺しとめる。

コレはNG!!

左図の青の斜線部を勢いよく刺すと、角が下がってしまうので注意する。

角を立てる

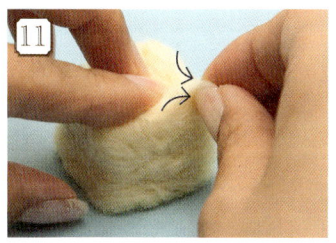

巻きの時点で、羊毛の緩ませ方が足りないと、角が丸くなってしまう。その場合、角を引っ張って立てる。

浅刺しする

指で形をキープしながら、6面すべてをまんべんなく浅刺しする。表面を丁寧に刺し、角を90°に仕上げる。

完成

完成。すべての辺が同じ長さで、角が90°になるのが理想。

チーズケーキ(P.76)に応用！

リカバリーテクニック

Before

角とふちの仕上げが甘い

全体的に角が少し丸まっていて、ふちも立っていない状態。

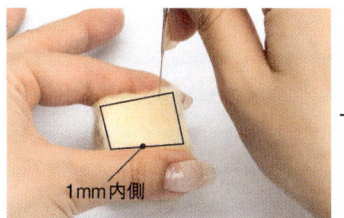

ふちの1mm内側を浅刺しする

横からしっかりと押さえて、ふちの1mm内側を浅刺しする。

After

ふちと角がきれいに立つ

各面のふちと角がきれいに立っている、メリハリのあるキューブ型。

Lesson1 基本のテクニックと立体の作り方

基本の立体・8

長方形

たたみ巻きで作る長方形は、全体の密度を均一にするために、奥まで深刺しするのがポイントです。羊毛が縮みやすいのでしっかりと押さえましょう。

※ 重心の位置とニードルを刺す方向

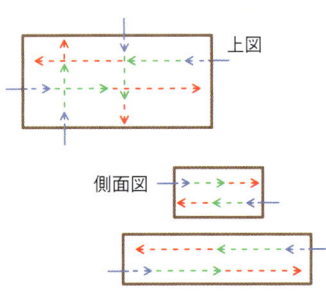

上図

側面図

たたみ巻きをする

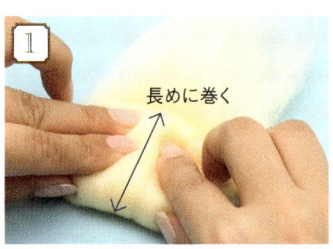

1

長めに巻く

P.15を参照してたたみ巻きをする。繊維と平行にニードルを刺すと羊毛が縮みやすいので、長さに余裕を持たせる。

深刺しする

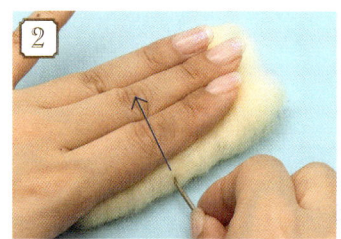

2

人差し指の直線を辺に当てて、羊毛を真上からしっかりと押さえ、長辺の側面を深刺しする。

3

羊毛を90°回転させ、短辺の側面を奥まで深刺しする。辺の中心部は勢いをつけて刺し、側面に高さを出す。

4

残りの側面も同様に深刺しする。

中刺しする

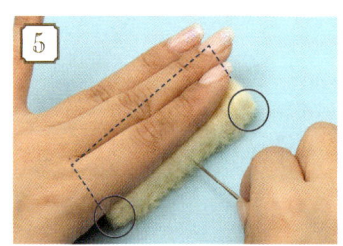

5

3～5周中刺しして、側面を均一な高さにする。角の付近は強く刺し過ぎると丸くなってしまうので注意する。

6

中刺し終了。上から押してみて、中心部がきちんとフェルト化されているか確認する。

浅刺しで仕上げる

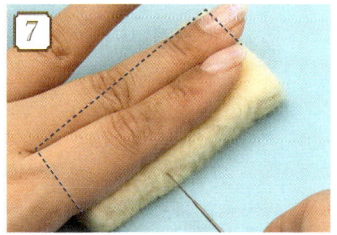

7

3～5周浅刺しして、表面の凹凸をなくし、角とふちを整える。

完成

8

完成。上面と底面は繊維が揃っているので、ニードルを刺さなくてもきれいな状態。

基本の立体・9

ボール型

ボール型は、球体をイメージして羊毛を巻いていきます。仕上げの浅刺しで表面の凹凸をなくし、手のひらで転がして形を整えます。

※ 重心の位置とニードルを刺す方向

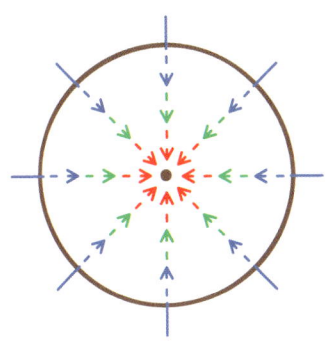

ボール状に巻く

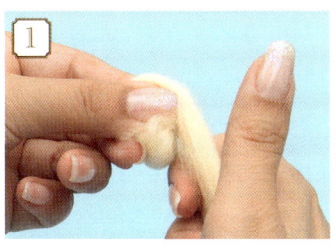

1. 巻きはじめは、中心の芯になる部分にすき間ができないよう、きつく巻き込む。

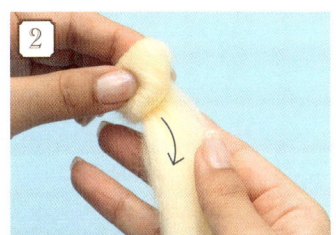

2. 手のひらに羊毛をのせ、空気が入らないように中心を押さえながら、その上を転がすように巻く。

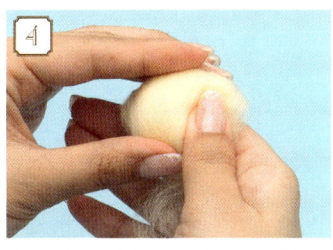

3. 羊毛の角を内側に巻き込むようにして、角ができないようにボール状に巻く。

巻き終わりを刺しとめる

4. 巻き終わりを自然になじませ、手を離さないようにマットに置き、深刺しで刺しとめる。

深刺し→中刺しする

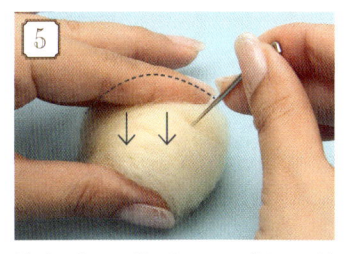

5. 羊毛を丸みを潰さないように押さえ、羊毛を転がしながら、重心に向かってまんべんなく深～中刺しする。

6. 中刺し終了。手で押してみて、中心部がしっかりとフェルト化されているか確認する。

浅刺しで仕上げる

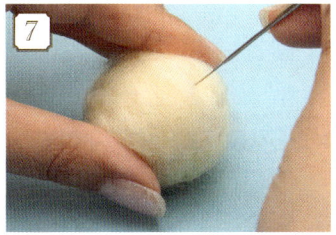

7. 3～5周まんべんなく浅刺しして、表面の凹凸をなくしてなめらかに仕上げる。

完成

8. 完成。形が少々いびつでも、手のひらで転がして丸く整えるときれいに仕上がる。

Lesson 1 基本のテクニックと立体の作り方

基本のパンとスイーツを作ってみよう

Lesson 1の基礎テクニックを応用して、実際に作品を作ってみましょう。
ご紹介するのは、パン、ケーキ＆フルーツ、焼き菓子の3種類。
おいしそうに見える、リアルな表現方法も合わせてマスターしましょう。

メロンパン
P38-39

デニッシュ
P35-37

クロワッサン
P40-41

バゲット
P42-43

ふんわり感と焼き色が決め手！
パン

ころんとした形がかわいいパンは、
こんがりとした焼き色をつけることがポイント です。
仕上がりのフォルムにもこだわりましょう。

〈重心の位置とニードルを刺す方向〉の見方

- - - - - 最初に羊毛をまとめるサイズ
────── 仕上がりサイズ
←────── ニードルを刺す方向

Lesson 2　基本のパンとスイーツを作ってみよう

デニッシュ 平行巻き・四角柱で作る ▶P22-23

表現のポイント

Top トップ　*Side* サイド

Point 1 層になったパン生地の表現
ニードルを刺す回数を調節することで、リアルなパンの側面を表現する。

Point 2 パン生地とフルーツのつなげ方
パーツ同士をつなげるテクニックで、トッピングの表現も簡単に。

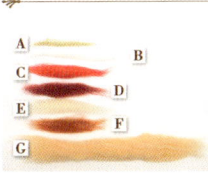

※ 重心の位置とニードルを刺す方向

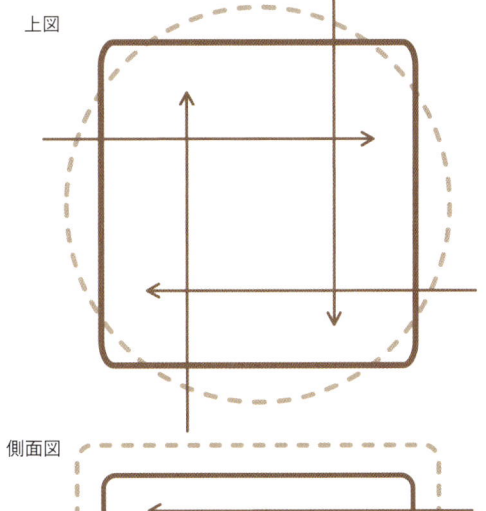

上図

側面図

※80%縮小、使用するときは125%拡大してください。

【材料】
仕上がりサイズ　5.5×5.5×高さ3cm
（パン生地部分のみ、フルーツを盛ると高さは4.5cm）

- A フェルト羊毛 緑(3) ……… 少量
- B フェルト羊毛 トゥインクル白(421) ……… 少量
- C フェルト羊毛 赤(24) ……… 10cmの1/4
- D フェルト羊毛 えんじ(215) ……… 10cmの1/4
- E フェルト羊毛 クリーム(21) ……… 10cmの1/4
- F フェルト羊毛 ミックス茶(206) ……… 10cmの1/4
- G フェルト羊毛 ミックスクリーム(201) ……… 30cm

パン生地を作る

1 Gの羊毛を、P.14を参照して平行巻きをする。巻き終わりは緩めに巻き、深刺しで刺しとめる。

2 *Point 1* P.22-23を参照して5.5cm角の四角柱を作る。刺す回数を基本の1/4にすることで、パン生地の層を表現する。

3 上面を垂直に刺し、ふちから1cmのところにくぼみをつける。親指と人差し指で横から押さえて固定する。

カスタードクリームをのせ、焼き色をつける

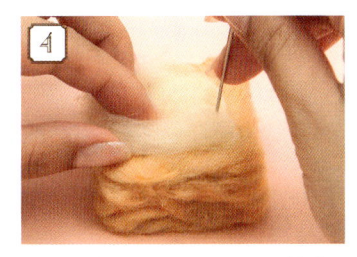

4 カスタードクリームをのせる。Eの羊毛の両端を折り込んで、3で作ったくぼみに大きさを合わせ、垂直に刺しとめる。

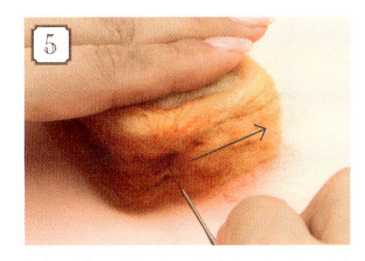

5 焼き色をつける。Fの羊毛をさらに1/4に分けて薄く伸ばし、パン生地の側面に巻きつけて繊維に沿って中刺しで刺しとめる。

6 パン生地にカスタードクリームと焼き色をつけた状態。焼き色は上面のふちにもつける。

Lesson 2 基本のパンとスイーツを作ってみよう

チェリーを作る

〈羊毛のたたみ方〉

羊毛を端から三角形になるように折りたたみ、巻き終わり部分と頂点を下に折り込んで刺しとめる。

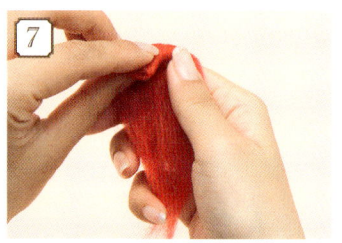

⑦ 左図の〈羊毛のたたみ方〉を参照してCの羊毛を折りたたむ。

⑧ 巻き終わりを下にして、中心に向かって深刺しで刺しとめる。

⑨ ⑧をパン生地にのせ、中心部分に垂直にニードルを深刺しして、刺しとめる。

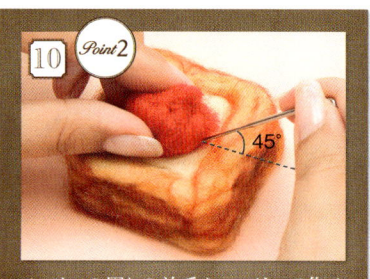

⑩ **Point 2** チェリーの周りの羊毛をニードルで集めながら、45°の角度で斜め内側に向かって深刺しして、完全に固定する。

ラズベリーを作る

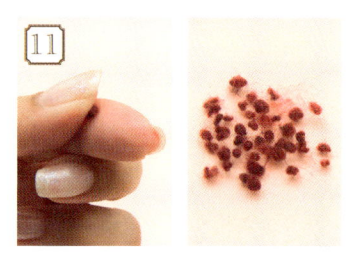

⑪ Dの羊毛を小さくちぎり、指先で丸める。これを約60個作る。

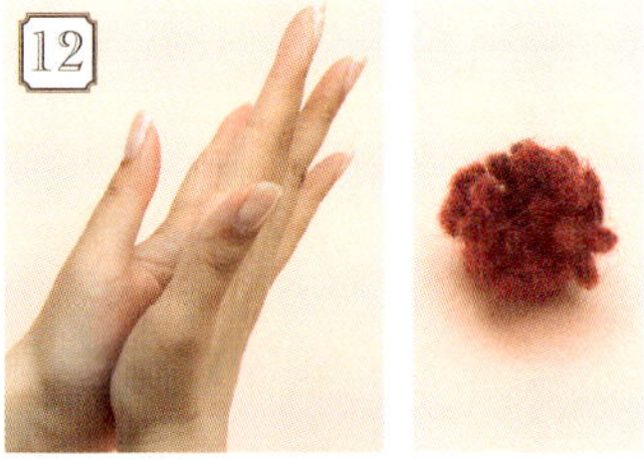

チェリーに焼き色をつける

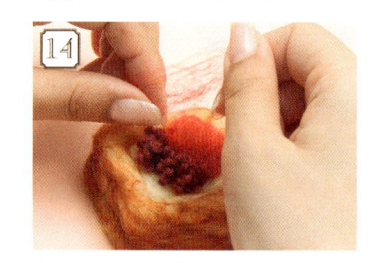

⑫ ⑪の半量を手にとり、手のひらをすり合わせるようにして丸くまとめる。同様にしてもう1個作る。

⑬ ⑫のラズベリー2個をチェリーの手前にのせ、⑨、⑩と同様にしてパン生地に固定する。

⑭ 余ったD少量を薄く広げ、チェリーにふわっとかぶせて浅刺しし、焼き色をつける。

セルフィーユを作る

⑮ Aの羊毛を2cmくらいに細長くちぎり、片方の先端をねじってしずく型にし、葉を作る(a)。これを8〜9個作る。

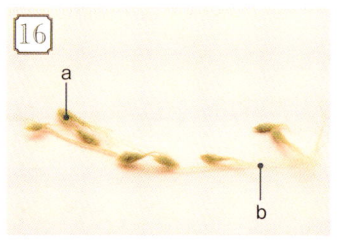

⑯ 同様にAの羊毛を10cmくらいに細長くちぎり、枝を作る(b)。その上にaをバランスよくのせる。

⑰ aのねじっていない方の先端とbを、1個ずつ手でねじってつなげ合わせる。セルフィーユのできあがり。

アイシングの線を入れる

⑱ セルフィーユをのせ、枝部分のみを斜めに深刺しして、刺しとめる。

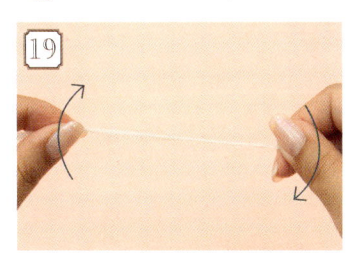

⑲ Bの羊毛を細長く伸ばし、手で太めにねじってアイシング用パーツを作る。

⑳ アイシング用パーツをパン生地のふちにのせ、羊毛を引っ張りながら中〜浅刺しで刺しとめる。

仕上げる

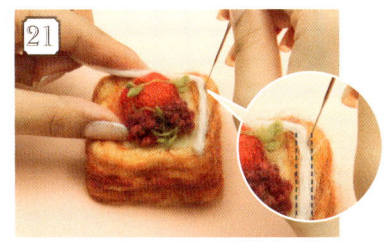

㉑ アイシング用パーツの両端を刺しとめていくときれいに仕上がる。

㉒ パン生地の側面を浅刺しし、全体を整えて完成。

One More テクニック｜立体の角を立てる

Before → After

立体の角を立たせるテクニック

立体の角（ふち）がやや落ち込んでしまっても、ちょっと手を加えるだけで角を立たせることができます。

How to make

① **羊毛を引っ張り上げる**
落ちた角を指でつまみ上げながら、角の高さや形をある程度決める。

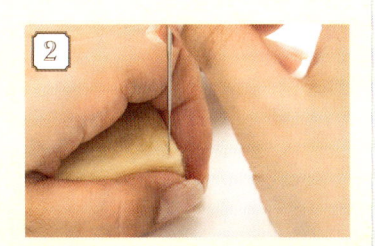

② **指で固定したまま浅刺しする**
持ち上げた角を親指と人差し指で押さえながら、垂直に浅刺しして固める。

メロンパン かぶせ巻き・ドーム型で作る ▶P.18-19

表現のポイント

Top トップ Point 2
Side サイド Point 1

Point 1 薄く整えたクッキー生地
羊毛を薄いシート状に整えるテクニックをマスター。

Point 2 きれいなひし形の網目
交差した網目の角度がきれいな45°になるとおいしそうに見える。

重心の位置とニードルを刺す方向

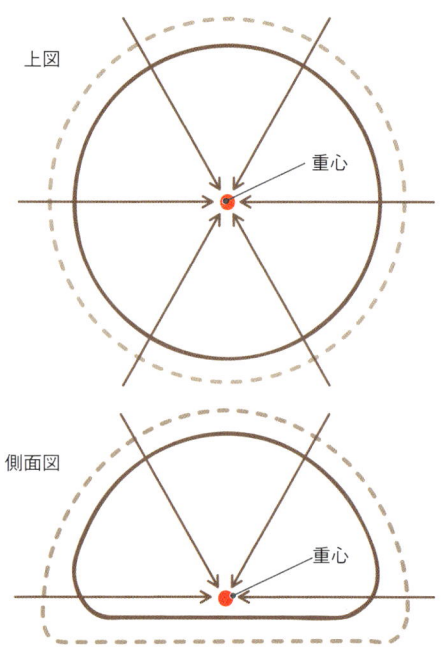

上図 重心

側面図 重心

※70%縮小、使用するときは143%拡大してください。

【材料】
仕上がりサイズ
直径6cm×高さ3.5cm

A フェルト羊毛 ミックスクリーム(201) ……… 10cmの1/3（焼き色用）
B フェルト羊毛 クリーム(21) ……… 15cm
C フェルト羊毛 ミックスクリーム(201) ……… 25cm（パン生地用）

パン生地を作る

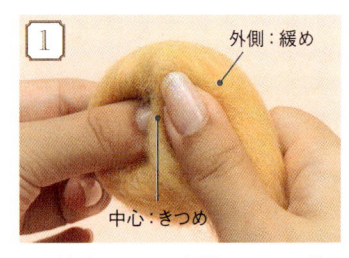

1 外側：緩め／中心：きつめ
Cの羊毛を、P.14を参照してかぶせ巻きをする。中心はきつめ、外側は緩めに巻くのがポイント。

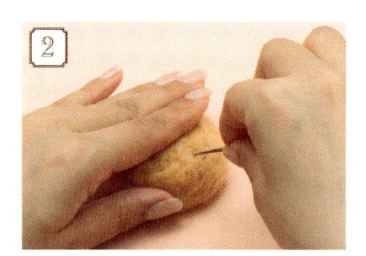

2 P.18-19を参照して、直径6cmのドーム型を作る。片方の手でドーム型を意識しながら羊毛を押さえ、形を作る。

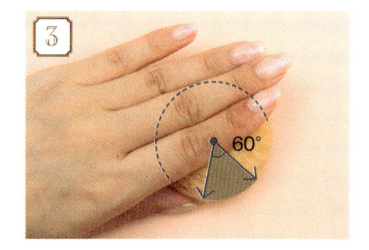

3 60°
形を整えるときは、片手を添えてあいた部分の、60°の範囲内で作業する。

クッキー生地を作る

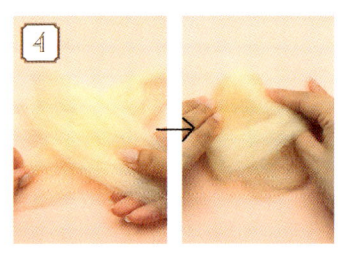

4 Bの羊毛の幅を半分に分け、90°に交差させて置いたら、それぞれの両端を下に折り込む。8cm角くらいが目安。

5 Point 1 人差し指に力を入れる
空気を抜くように上からしっかりと押さえ、羊毛の周囲をマットと平行に中刺しして丸くシート状にする。

6 クッキー生地／パン生地
パン生地とクッキー生地のできあがり。クッキー生地はメロンパンの全体が隠れるくらいの大きさに作る。

❧ 網目を入れる

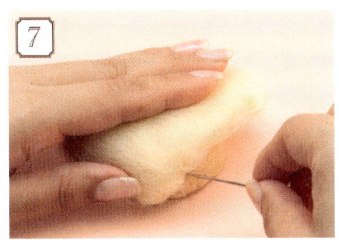

〈網目の作り方〉

7
クッキー生地をパン生地にふわっとかぶせ、下部を深刺しして刺しとめる。

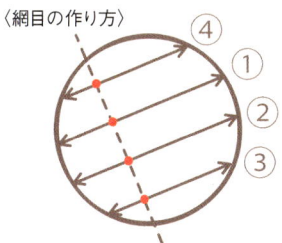

全体の2/3の位置を始点とし、①〜④の順に重心に向かってしっかりと深刺しして、互いに平行な筋を作る。反対側も同様にする。

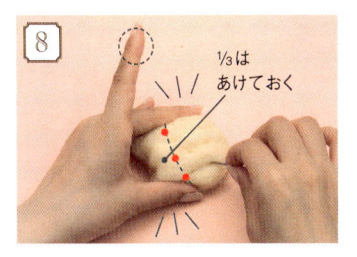

8　1/3はあけておく
左図の〈網目の作り方〉を参照して全体の2/3に網目を作る。中指と親指で羊毛をつまみ、人差し指を上げて作業する。

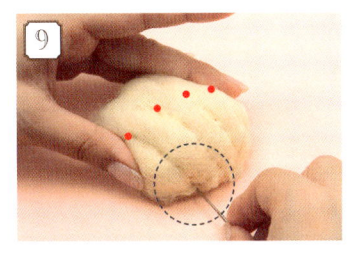

9
筋は4本作り、底面に近いところまできちんと筋を作るときれい。底面付近の筋同士も平行を保つ。

10　始点
羊毛を回転させ、残りの1/3にも同様に筋を作る。

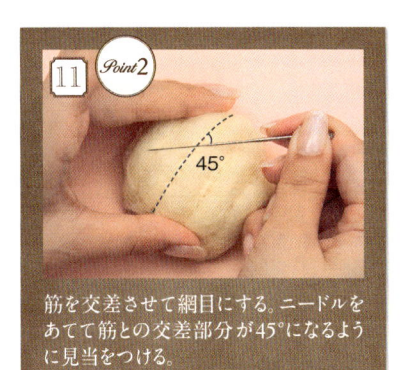

11　Point 2　45°
筋を交差させて網目にする。ニードルをあてて筋との交差部分が45°になるように見当をつける。

❧ 焼き色をつける

12　始点
8〜10と同様に、全体の2/3、1/3ずつ、すべて45°で交差する筋を作る。裏返して底面のふちを斜めに浅刺しして整える。

13
Aの羊毛を薄く広げ、パン生地にふわっとかぶせて下部を折り込み、深刺しして刺しとめる。

14
筋上を、重心に向かって中刺しし、焼き色をつける。

✿ リカバリーテクニック

網目が浅くて目立たない
押さえる力が弱いのが原因で深部のフェルト化が足りず、筋がつかない。

→

羊毛を密集させて刺す
全体を指でつまんで羊毛を密集させ、重心に向かって中刺しして筋を作る。

クロワッサン <small>たたみ巻きで作る ▶P.15</small>

❦ 表現のポイント

Top トップ **Side サイド**

Point 1 きれいな三日月形のパン生地
きれいな三日月形にすることで、よりおいしそうに見える。

Point 2 角度がしっかりと出た表面
表面に角度をしっかりとつけることで、よりリアルな表現に。

※ 重心の位置とニードルを刺す方向

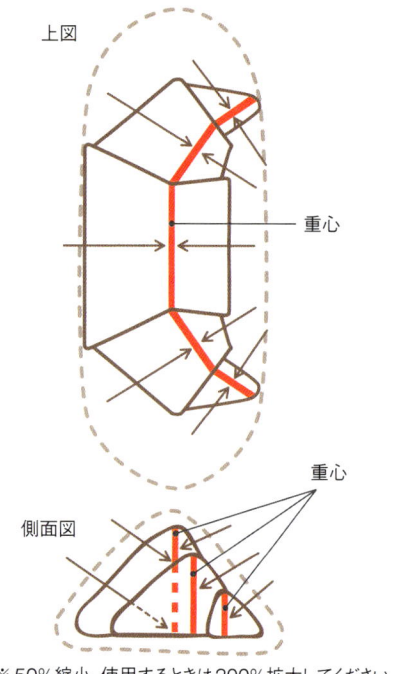

上図

重心

側面図

重心

※ 50%縮小、使用するときは200%拡大してください。

【材料】
仕上がりサイズ
9×5×高さ3cm

A フェルト羊毛 ミックス茶(206) ………… 10cmの1/3
B フェルト羊毛 ミックスクリーム(201) ………… 30cm

❦ シート状の生地を作る

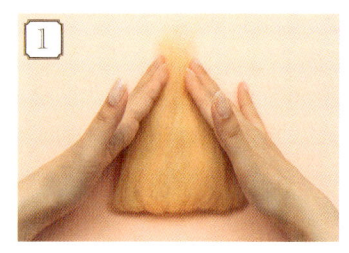

1 Bの羊毛を半分に折りたたみ、手で整えて三角形にする。

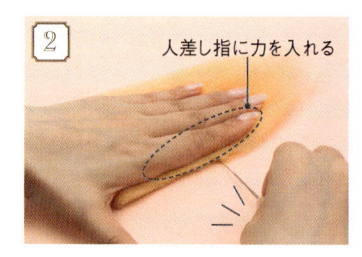

2 空気を抜くように上から手で押さえ、マットと平行に羊毛の周りを中刺しして、三角形のシート状にする。(人差し指に力を入れる)

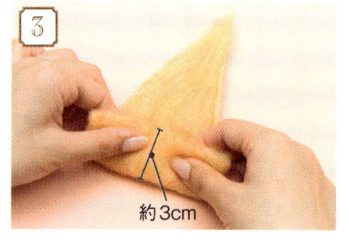

3 P.15を参照して、3cm幅に3回たたみ巻きをする。(約3cm)

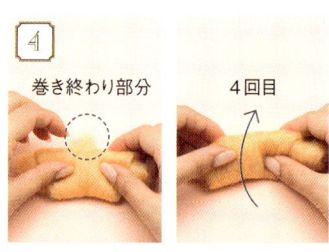

4 3回折りたたんだら、巻き終わりの毛先をさらに下側に折り込む。(巻き終わり部分／4回目)

5 Point 1 片手を三日月形にし、羊毛を手のカーブに添わせて押さえ、巻き終わりを深刺しして刺しとめる。

6 刺しとめたところ。このあと羊毛の重なりの段差をはっきりさせ、全体をきれいな三日月形に整えていく。

形を整える

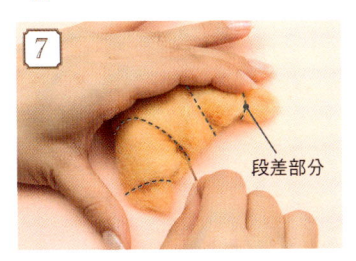

7 片手を三日月形にし、生地が重なった段差部分を重心に向かって深刺しし、溝を深くする。

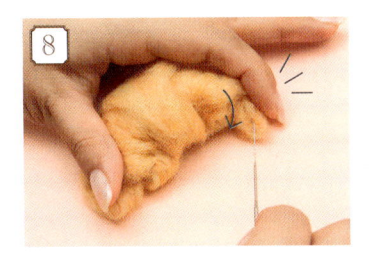

段差部分

8 パンの先端を整える。人差し指を先端部分に添えて内側を向かせ、浅刺しで面に対して垂直に刺しとめる。

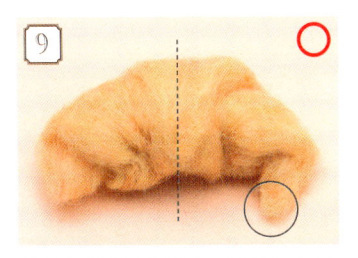

9 写真右側が段差部分の溝をはっきりさせ、先端を内側に向かって刺しとめた状態。左側も同様にする。

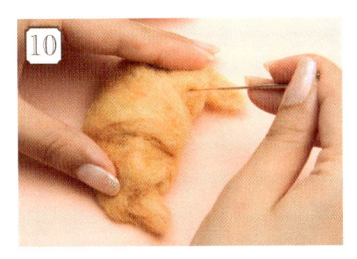

10 パン生地の表面に角度をつける。P.40の〈重心の位置とニードルを刺す方向〉を参照し、重心に向かって深刺しする。

11 Point2 重心はクロワッサンを横から見て1:2に分けた位置に線状にある。重心に向かって、且つ面に対して垂直に刺す。

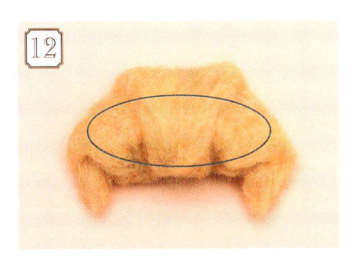

12 全体の形を整え、各面に角度をつけたところ。線上にある重心部分が一番高くなるように作る。

焼き色をつける

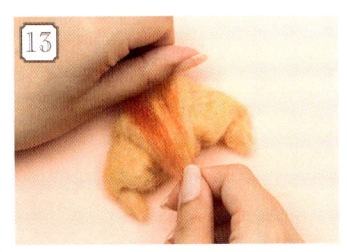

13 焼き色をつける。Aの羊毛を少量ちぎり、面ごとにかけて下部を折り込む。

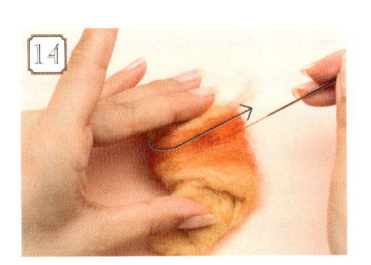

14 繊維の流れに沿って浅刺しし、焼き色の筋をつける。同様にすべての面に焼き色をつけて全体を整え、完成。

コレはNG!! メロンパン（P.38-39）とは異なり、段差のあるところには焼き色をつけないため、溝に羊毛をかけないようにする。

リカバリーテクニック

Before 焼き色のつけ過ぎ
クロワッサンに焼き色をつけ過ぎている。面に角度もついていない。

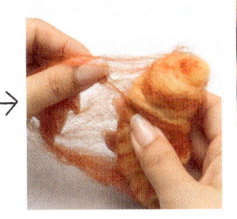

羊毛を減らし、角を立たせる
Aの羊毛を一度はがして少なくし、段差部分に指を入れて角を立たせて刺しとめる。

After きれいな焼き色、形に
焼き色を調整し、面に角度をつけることで、見違えるほどきれいに。

バゲット たたみ巻きで作る ▶ P.15

❦ 表現のポイント

Top トップ Point 1
Side サイド Point 2

Point 1 両端の尖った細長いドーム型
ドーム型を応用した、縦に細長い形を作る。

Point 2 盛り上がった立体的なクープ
焼き色部分とクープ部分の質感の違いを、刺し方を調整して表現する。

A
B

【材料】
仕上がりサイズ
15×3×高さ2.5cm

A フェルト羊毛 ミックスクリーム（201） ……………… 10cmの½
B ニードルわたわた（310） ……………… 10×20cm

※ 重心の位置とニードルを刺す方向

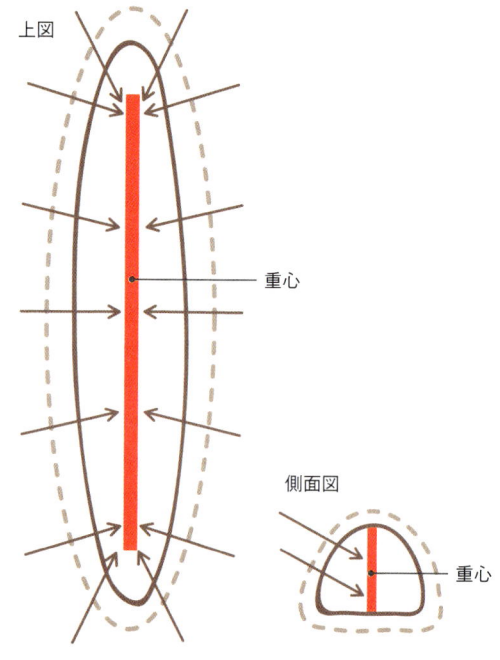

上図
重心
側面図
重心

※50％縮小、使用するときは200％拡大してください。

❦ パン生地をたたむ

1 P.15を参照し、Bのニードルわたわたを横に伸ばしながら3cm幅にたたみ巻きをし、パンの先端を出す。

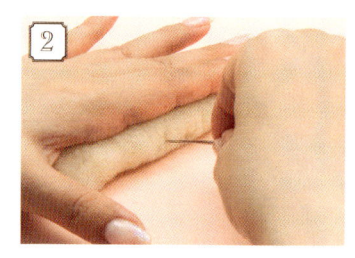

2 巻き終わりを自然になじませ、深刺しで刺しとめる。

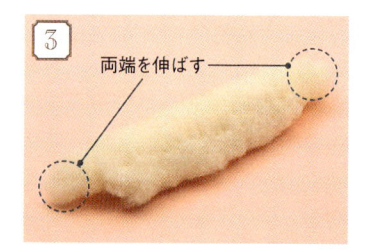

3 両端を伸ばす
刺しとめたところ。伸ばした両端はパンの先端になる。

❦ パン生地の形を整える

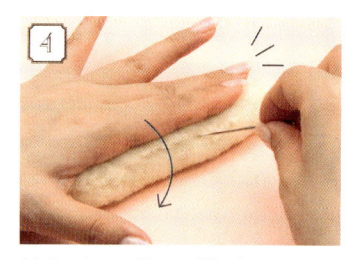

4 羊毛を上から押さえ、横に転がしながら45°の角度で重心に向かって深刺しする。両端は刺さないでおく。

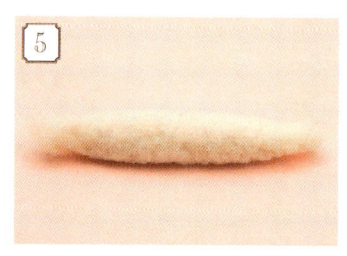

5 深刺し終了。全体的に丸みが出て、底面がやや平らになった状態。

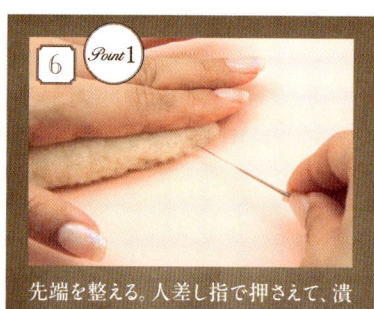

6 Point 1 先端を整える。人差し指で押さえて、潰さないように、先端の羊毛の下側を斜め45°の角度で浅刺しする。

コレはNG!! ✖

ニードルを直角に刺すと先端が潰れてしまうので注意。斜め45°で浅刺しする。

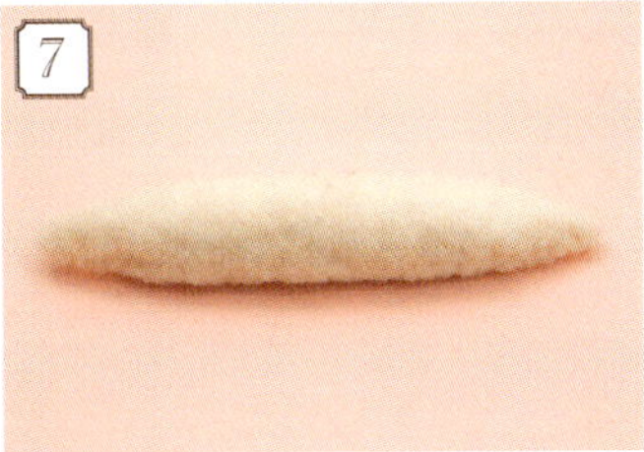

7

バゲット全体の形が整った状態。このとき、両先端が潰れていないかチェックする。

クープを作る

8

ニードルをバゲットの上面に垂直に刺し、等間隔に4箇所印をつける。

焼き色をつける

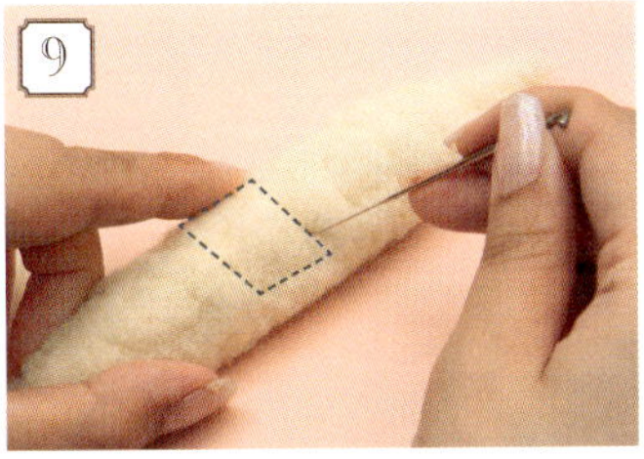

9

重心に向かって浅刺ししてクープの形にふち取る。8の印を目安に、4つのクープが平行四辺形になるようにする。

10

Aの羊毛を少量ちぎり、細長く伸ばしてクープとクープの間にのせ、余った部分を底面に折り込んで深刺しで刺しとめる。

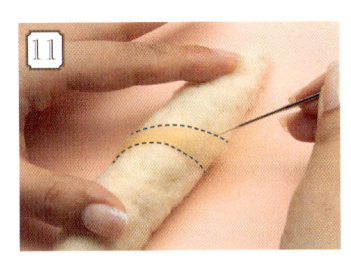

11

クープの中に羊毛が入らないよう注意しながら、羊毛の両端を浅刺しして固定する。上面すべてに焼き色をつける。

12

側面に焼き色をつける。Aの羊毛を少量ちぎり、細長く伸ばして側面にあてる。

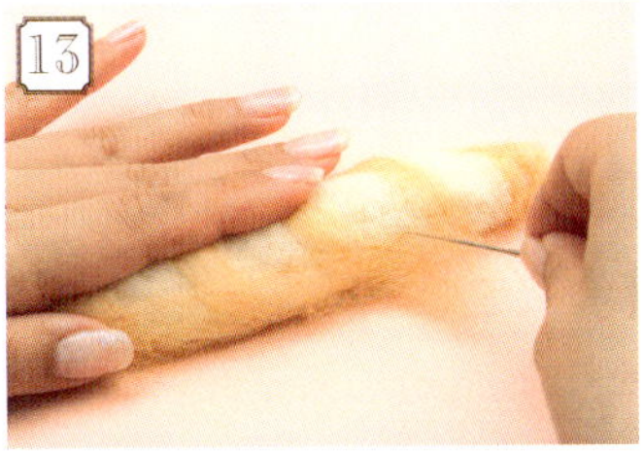

13

重心に向かって浅刺しして全体をなじませる。このときも、クープの中に羊毛が入らないように注意する。

14

パンの底面に焼き色をつける。Aの羊毛を少量ちぎり、薄く広げてパンの底にのせてまんべんなく浅刺しする。

クープを整える

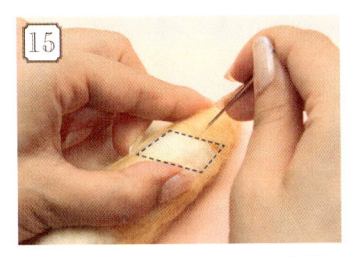

15

ニードルを立てて、クープの周りを深刺しして焼き色部分との段差を作り、クープに立体感をつける。

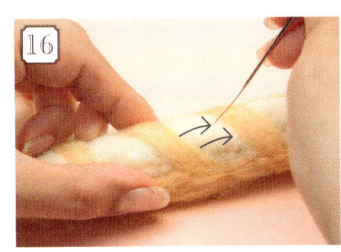

16

クープ内に、縦に2本の筋をつけることで、さらに立体感を出す。

17 Point 2

指で羊毛を寄せながら、クープ内をランダムに深〜浅刺しして、焼き色部分との質感の違いを表現する。

Lesson 2 基本のパンとスイーツを作ってみよう

見た目も華やかな定番スイーツ
ケーキ&フルーツ

いちごがのったおいしそうなケーキは、
一度は作ってみたい作品です。
トッピングに使えるフルーツの作り方もマスターしましょう。

いちごの
ショートケーキ P45-47

チェリー P48

オレンジ P48

キウイ P48

バナナ P48

いちごのショートケーキ

平行巻き・おうぎ形で作る ▶ P.24-25

❦ 表現のポイント

Top トップ
Side サイド

Point 1 生クリームといちごソースの表現
生クリームといちごソースは羊毛を細くねじって立体的に仕上げる。

Point 2 半割りいちごの断面の作り方
押さえる力を上手く使って断面を平らにする。

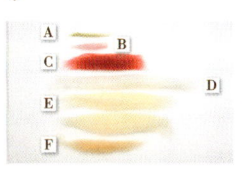

※ 重心の位置とニードルを刺す方向

〈スポンジ、生クリーム〉

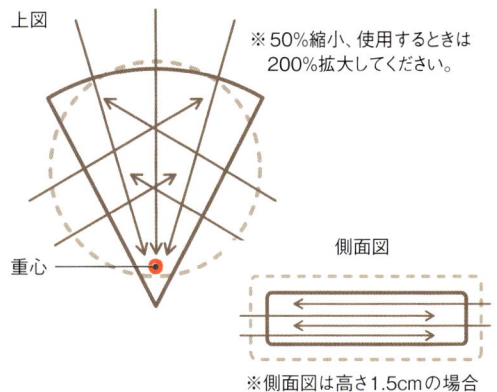

上図
※50%縮小、使用するときは200%拡大してください。

重心

側面図
※側面図は高さ1.5cmの場合

〈イチゴ〉

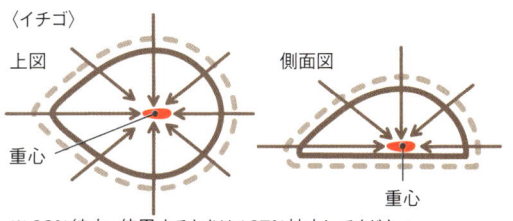

上図　　側面図
重心　　　　　　重心

※60%縮小、使用するときは167%拡大してください。

【材料】
仕上がりサイズ　6.5×6×高さ5cm
（スポンジ部分のみ、生クリーム、いちごを盛ると約8cm）

- A フェルト羊毛 緑(3) ……………………… 少量
- B フェルト羊毛 ピンク(2) ………………… 少量
- C フェルト羊毛 赤(24) ……………… 15cmの1/2
- D フェルト羊毛 白(1) ……………… 30cm（1/2はベース用、残り少量ずつはトッピング用生クリームといちご用)
- E フェルト羊毛 クリーム(21) …… 25cmの1/2を2本
- F フェルト羊毛 ミックスクリーム(201) …… 20cmの1/2

❦ スポンジと生クリーム部分を作る

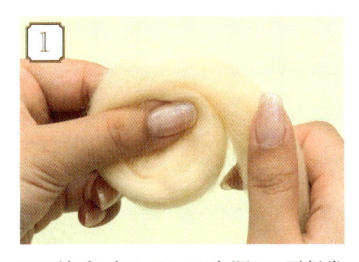

1 Eの羊毛1本を、P.14を参照して平行巻きをする。巻き終わりは緩めにし、深刺しで刺しとめる。

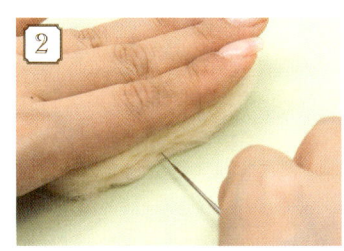

2 P.24-25を参照して縦6.5cm、横6cm、高さ1.5cmのおうぎ形のスポンジを作る。もう1本のEも同様にする。

3 Dの羊毛を幅1/2に分け、1、2と同様にして高さ2cmのおうぎ形の生クリーム部分を作る。全部でおうぎ形が3個できる。

❦ スポンジを重ねる

〈パーツのつなぎ方〉

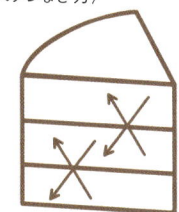

パーツ同士の境目付近を、斜め45°の角度で深〜中刺ししてつなぐ。裏返して同様にする。

4 スポンジ→生クリーム→スポンジの順に重ね、上から垂直に何箇所か深刺しして刺しとめる。

5 〈パーツのつなぎ方〉を参照してパーツ同士をつなげる。混色を防ぐため、パーツの境目は刺さない。

Lesson 2 基本のパンとスイーツを作ってみよう

焼き色をつける

6 パーツの大きさが合わないときは、はみ出した部分をマットに対して平行に中刺しして大きさを揃える。

7 ケーキのベースのできあがり。

8 底面を上にし、Fの羊毛を少量に分けて薄く広げてのせ、底面全体を垂直に刺しとめる。

いちごソースをつける

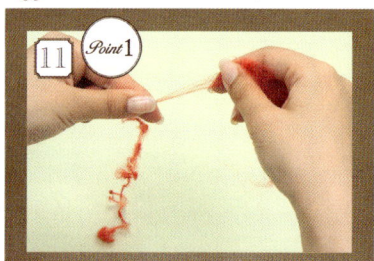

9 8を裏返し、底面からはみ出したFの羊毛を、下から5mmくらいのところに深刺しして刺しとめる。

10 Fの羊毛少量を細長く伸ばし、生クリームとスポンジの境目にあて、引っ張りながら浅刺しで刺しとめる。

11 Point1 Cの羊毛を少量に分け、細長く引っ張りながら、時々ねじってダマを作る。これを約25cm分作る。

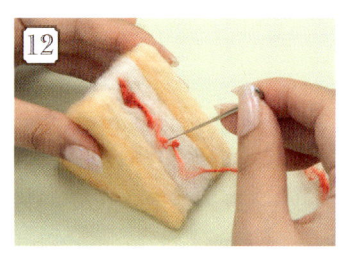

生クリームをつける

12 11をクリーム部分の中心にあて、浅刺しで側面に対して垂直に刺しとめる。ダマになっている部分を避けて刺す。

13 Point1 Dの羊毛を25cmに分け、細長く引っ張りながらねじり、ところどころ輪を作って反対側の手に渡していく。

14 13の生クリームをベースの上面にのせ、全体的に垂直に浅刺しして刺しとめる。

半割りいちごを作る

〈羊毛のたたみ方〉

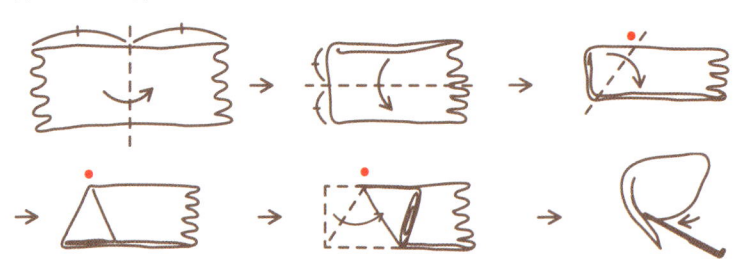

左右、上下に二つ折りし、●を支点に円すい状に折りたたむ。

15 Cの羊毛を左図の〈羊毛のたたみ方〉を参照して折りたたみ、巻き終わりで先端をくるんだら、中刺しして刺しとめる。

16 Point2
全体を重心に向かって深刺しして形を整える。親指と人差し指で押さえつけるように刺すと断面が平らに仕上がる。

17
Bの羊毛を断面の形に薄く重ね、Bの輪郭を浅刺ししてふち取る。ふちから1mm内側に輪郭を作るときれいに仕上がる。

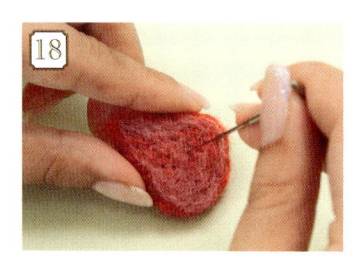

親指1本で押さえる

18
1周したら、断面全体を面に対して垂直に浅刺しする。

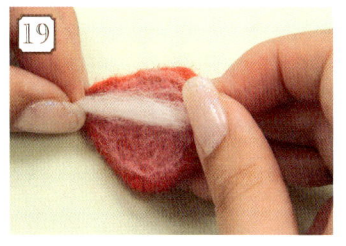

19
Dの羊毛を少量分け、引っ張りながら細長く伸ばして大きさを合わせる。

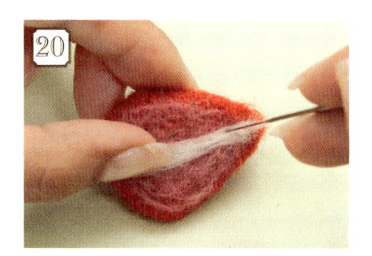

20
ニードルを立てて、羊毛を引っ張りながら、面に対して垂直に浅刺しし、刺しとめる。

21
半割りいちごのできあがり。白い筋は、下部に行くにしたがってやや太くなるように作るとおいしそうに見える。

いちごをつける

22
いちごをケーキのベースに斜めにつける。いちごとベースが接する部分に、垂直に深刺しして刺しとめる。

23
いちごがベースと接している部分の周囲を斜め45°の角度で深〜中刺しして固定する。

24
Aの羊毛で、P.36の15〜17を参照してセルフィーユを作り、いちごの周りに枝部分のみを浅刺しで刺しとめて完成。

コレはNG!!

右側のいちごに比べ、左側のいちごは半割りよりも大きな形になっている。横から見た形にも注意する。

形がいびつな左側のいちごは、指でつまみ過ぎてしまったことが原因。右側は重心がずれている。

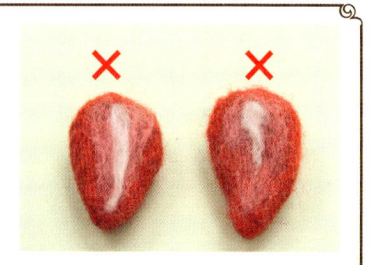

左側のいちごは、ピンクの羊毛を重ねた部分が内側に入り過ぎている。右側は白い筋の長さが足りていない。

オレンジ

【材料】仕上がりサイズ
4.5×1.5×高さ1cm

A フェルケット オレンジ (320)
　　　　　　　　　　5×5cm

※ 重心の位置と
　ニードルを刺す方向

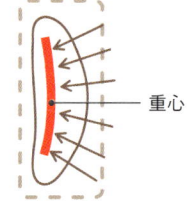

重心

※50%縮小、使用するときは
　200%拡大してください。

1. フェルケットを5cm角に裂き、周りを手でほぐす。 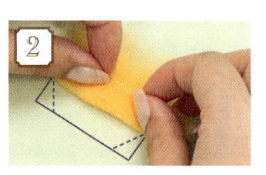
2. 破線部分を谷折りし、1cm幅にたたみ巻きをする。※P.15参照 
3. 重心に向かって深刺しし、くし形に整える。 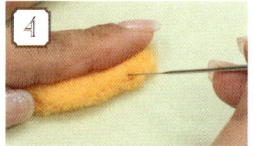
4. 人差し指を片側に倒して深刺しし、膨らみをつける。

バナナ

【材料】仕上がりサイズ
4.5×3×高さ1cm

A フェルト羊毛 ベージュ (29)
　　　　　　　　　　15cmの¼
B フェルト羊毛 ミックス茶 (206)
　　　　　　　　　　少量

※ 重心の位置と
　ニードルを刺す方向

重心

※50%縮小、使用するときは
　200%拡大してください。

1. Aの羊毛を平行巻きし、巻き終わりを深刺しする。※P.14参照 
2. 重心に向かって深刺ししてだ円形を作る。※P.28-29参照 
3. Bの羊毛を手で丸めてバナナの種を3個作る。 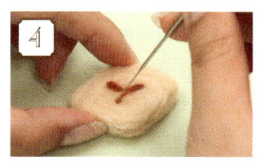
4. 3を2の上にのせ、垂直に浅刺しして刺しとめる。

チェリー

【材料】仕上がりサイズ
直径2.5×高さ2.5cm（実部分のみ、茎も入れると高さ6.5cm）

A フェルト羊毛 赤 (24)
　　　　　　　　　　15cmの¼
B アパカ（きみどり）
　　…8cm（なければ麻ひもでも可）

※ 重心の位置と
　ニードルを刺す方向

重心

※80%縮小、使用するときは
　125%拡大してください。

1. Bの両端を結び、片方にAの羊毛を巻きつける。 
2. 巻き終わったところ。巻き終わりを深刺しする。 
3. Bの付け根を下まで何度か深刺ししてくぼませる。 
4. P.33を参照して丸くなるよう押さえ、転がしながら深刺しする。

キウイ

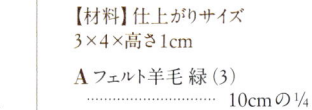

【材料】仕上がりサイズ
3×4×高さ1cm

A フェルト羊毛 緑 (3)
　　　　　　　　　　10cmの¼
B フェルト羊毛 白 (1) …… 少量
C フェルト羊毛
　　ミックスこげ茶 (208) … 少量

※ 重心の位置と
　ニードルを刺す方向

重心

※50%縮小、使用するときは
　200%拡大してください。

1. Aの羊毛を三角形に折る。 
2. 三角形に折ったところ。巻き終わりを深刺しする。 
3. 三角形の側面は直角に、底面は重心に向かって深刺しする。 
4. Bの羊毛で先端の⅓を覆い、フェルティング用マットを敷いて垂直に深刺しする。Cの羊毛を手で丸め同様に刺しとめる。

小さくてかわいい形が魅力
焼き菓子

ミニサイズの焼き菓子は、
詰め合わせて贈ると素敵なプレゼントに。
簡単に作れるので、色違いでたくさん作って楽しみましょう。

花形クッキー
P56

マカロン
P50-51

サンドクッキー
P52-53

フィナンシェ P54-55

マカロン ドーム型で作る ▶P.18-19

表現のポイント

Top トップ
Side サイド

Point 1
Point 2

Point 1 薄いドーム型に仕上げる
押さえる手を上手く使って薄いドーム型に仕上げる。

Point 2 ピエをつけてよりリアルに
ふっくら焼きあがったような、ピエの表現を入れてよりリアルに。

※ 重心の位置とニードルを刺す方向

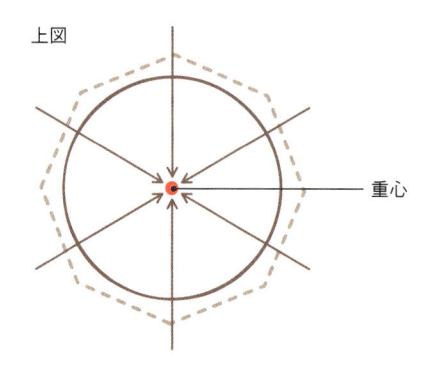

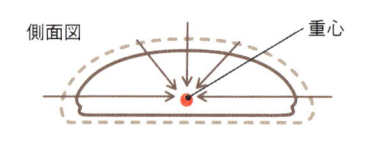

上図
重心

側面図
重心

※原寸大です。

A
B

【材料】
仕上がりサイズ
直径3cm×高さ2cm

A フェルト羊毛 白（1） ……………… 15cmを少量
B フェルケット ピンクベージュ（104） ……… 7×7cmを2枚

折りたたむ

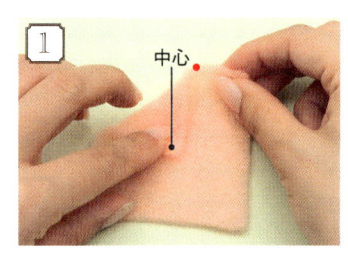

1 中心
Bのフェルケット1枚の左端を、中心に向かって折りたたむ。

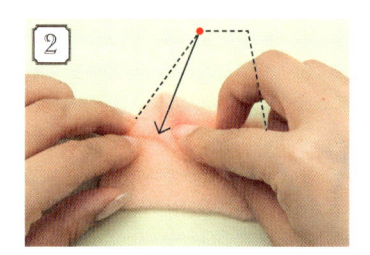

2
●部分をさらに中心に向かって折りたたむ。これを7〜8回繰り返して丸形にする。

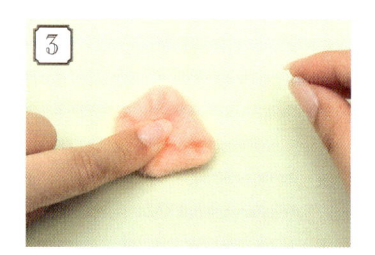

3
折りたたんだところ。人差し指で中心を押さえ、形が崩れないようにする。

ドーム型を作る

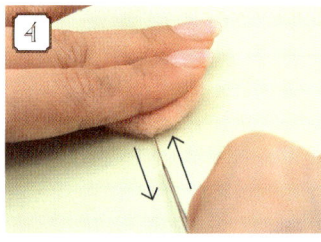

4
3を裏返し、指で押さえながらフェルケットの周りをマットと平行に1周深刺しし、刺しとめる。

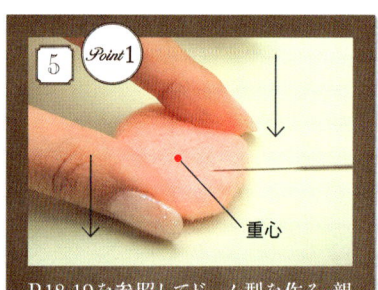

5 *Point 1* 重心
P.18-19を参照してドーム型を作る。親指と人差し指で下に押さえつけながら刺すと、全体を均一にフェルト化できる。

6
マカロン生地のできあがり。同様に、これをもう1個作る。

7 Point 2

底面から1mm上の部分にマカロンのピエ（膨らみ部分）をつける。マットと平行に重心に向かって深刺しして1周する。

8

もう1個も同様にピエをつける。ピエのついたマカロン生地2個のできあがり。

❦ 2個のパーツをつなげる

〈パーツのつなぎ方〉

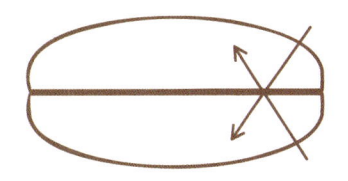

パーツ同士の境目付近を、斜め45°の角度で深〜中刺ししてつなぐ。裏返して同様にする。

❦ クリームをはさむ

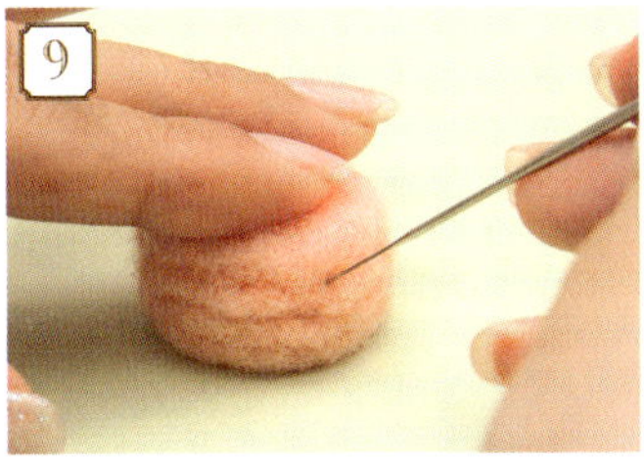

9

マカロン生地の底面同士を合わせ、右上の〈パーツのつなぎ方〉を参照して裏表ともに周囲を1周し、つなぎ合わせる。

10

Aを細長く伸ばし、引っ張りながらマカロン生地のつなぎ目に巻きつける。

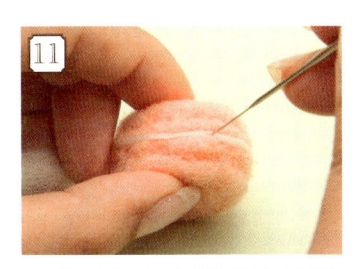

11

ニードルを横にし、側面と垂直に浅刺ししながら1周し、Aを中に押し込む。

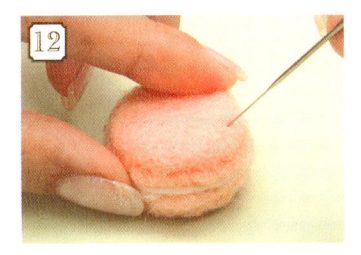

12

全体を重心に向かって浅刺しし、形を整えて完成。

バリエーション

くまのマカロン

マカロンをサイズ違いで3つ作って組み合わせます。

【材料】
- フェルケット ナチュラルミックス茶（204）
- フェルト羊毛 えんじ（215）
- フェルト羊毛 ピンク（2）
- フェルト羊毛 白（1）

❦ リカバリーテクニック

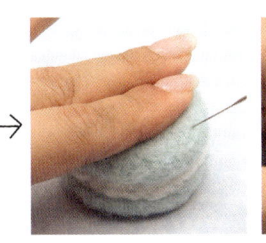

Before
フェルト化不足
しっかりフェルト化されていないため、不安定な状態。ピエもない。

→

強めに押さえて深刺しする
表面を浅刺ししてなめらかに整えたら、指でしっかりと押さえて深刺しする。ピエを作り、クリームも中に押し込む。

→

After
重心が安定して適切な高さに
マカロンの重心が安定し、高さも適切で見た目もきれい。

Lesson 2 基本のパンとスイーツを作ってみよう

サンドクッキー <small>たたみ巻き・長方形で作る ▶P.32</small>

表現のポイント

Point 1 クッキーの側面にくぼみをつける
フリルのような、クッキー生地のくぼみを再現する。

Point 2 盛り上がった表面のクリームの表現
穴からはみ出したクリームをリアルに表現する。

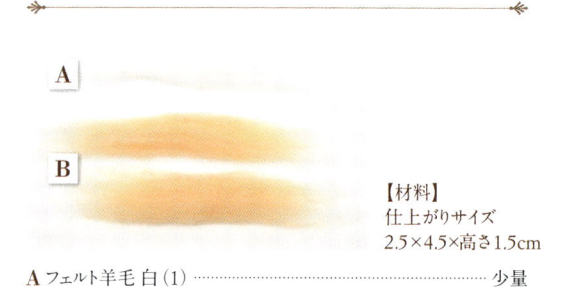

※ 重心の位置とニードルを刺す方向

上図

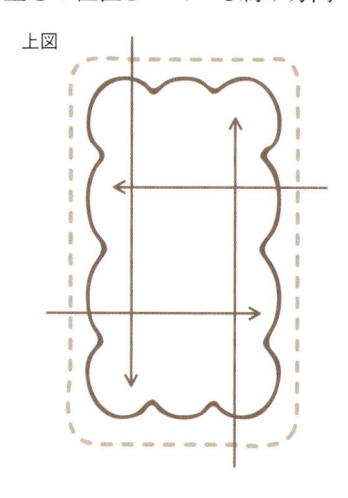

側面図

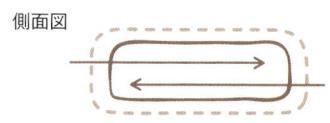

※原寸大です。

【材料】
仕上がりサイズ
2.5×4.5×高さ1.5cm

A フェルト羊毛 白(1) ……………………………… 少量
B フェルト羊毛 ミックスクリーム(201) ……… 10cmの½を2本

クッキー生地を作る

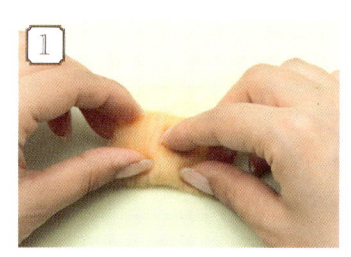

1 P.15を参照して、**B**の羊毛1本を3cm幅にたたみ巻きをし、巻き終わりを深刺しして刺しとめる。

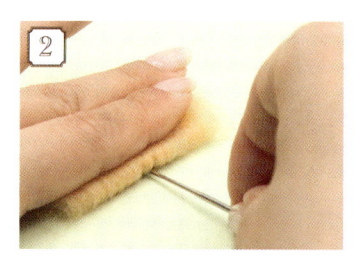

2 P.32を参照して長方形を作る。角は出し過ぎずに、高さが0.8cmになるよう強めに押さえる。

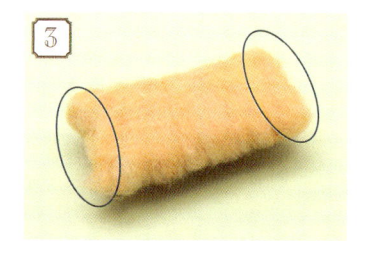

3 長方形のできあがり。とくに、両端は浅刺しを多めにして丁寧に刺しとめる。

くぼみをつける

〈くぼみのつけ方〉

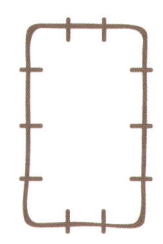

横に3箇所、縦に2箇所ずつ等間隔のくぼみを作る。

4 左図の〈くぼみのつけ方〉を参照して、辺に対して垂直に中刺しし、横に3箇所くぼみを作る。

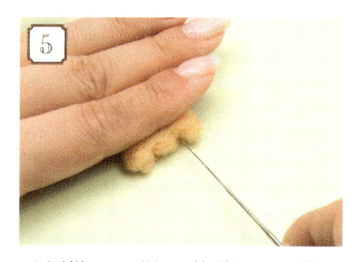

5 4と同様にして縦に2箇所くぼみを作る。残りの辺も同様にし、さらに裏返してくぼみ部分を刺す。

クッキーを重ね、クリームをつける

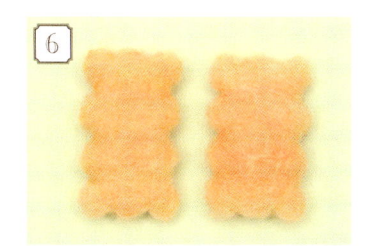

⑥ 1〜5の手順で、クッキー生地を全部で2個作る。

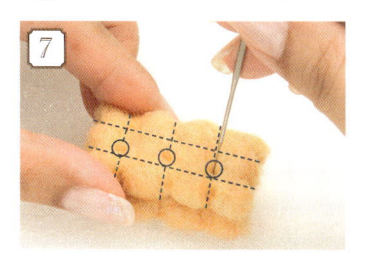

⑦ 生地を2枚重ね、縦横のくぼみの延長線上の交点に、ニードルを垂直に刺して穴をあける。裏返して同様にする。

Rio's Advice

フェルティング用マット

上から穴をあけるときはフェルティング用マットを！

ニードルがマットに刺さらないよう、7の作業をするときは、羊毛の下にフェルティング用マットを敷く。

〈パーツのつなぎ方〉

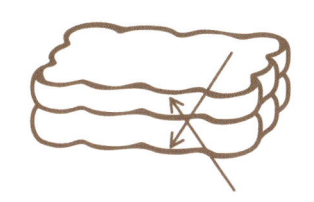

パーツ同士の境目付近を、斜め45°の角度で中〜深刺ししてつなぐ。裏返して同様にする。

⑧ 左図の〈パーツのつなぎ方〉を参照して、クッキー生地をつなぎ合わせる。

⑨ Point2 Aの羊毛を小さくちぎって丸め、7であけた穴に置き、周りを斜め下に向かって浅刺しして刺しとめる。裏面も同様につける。

⑩ Aを少量分け、細長く伸ばしてクッキー生地の境目に巻く。

⑪ ニードルを横にし、側面と垂直に浅刺ししながら1周し、Aを中に押し込む。全体を浅刺しで整えて完成。

One More テクニック｜クリームのきれいな配置法

× ○

クリームをバランスよく配置するテクニックをご紹介します。

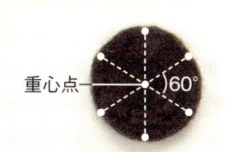

重心点 60°

中心を必ず重心点上に決め、対角線上にクリームを配置していく。

How to make

① 重心点の上にクリームをのせる。

② 重心点を通る上下の直線の両端にクリームをのせる。全部で6個のせるので、60°ずつずらして同様にする。

フィナンシェ
たたみ巻き・長方形で作る ▶ P.32

表現のポイント

Top トップ　Point 1
Side サイド　Point 2

Point 1 きれいな台形を作る
ニードルを刺す角度を変えて、長方形を応用した台形を作る。

Point 2 おいしそうな焼き色をつける
底面から側面下部についた焼き色を上手に刺しとめる。

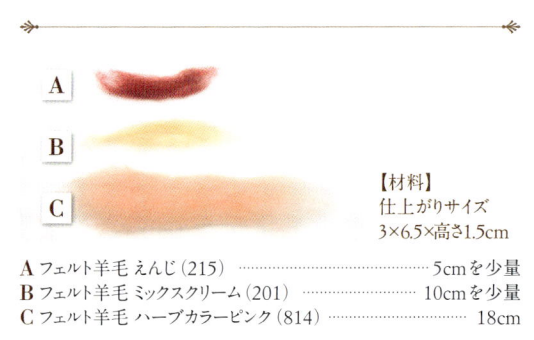

重心の位置とニードルを刺す方向

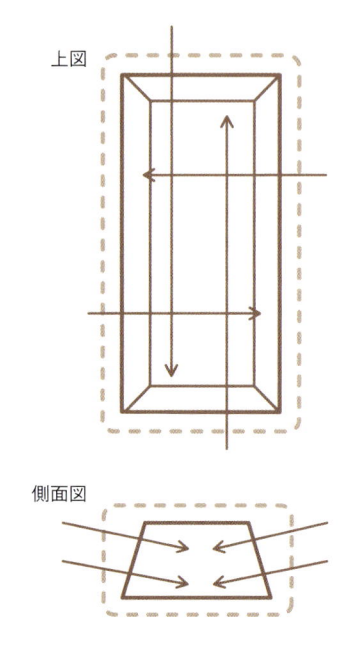

上図

側面図

※70%縮小、使用するときは143%拡大してください。

A
B
C

【材料】
仕上がりサイズ
3×6.5×高さ1.5cm

A フェルト羊毛 えんじ（215） ………… 5cmを少量
B フェルト羊毛 ミックスクリーム（201） ………… 10cmを少量
C フェルト羊毛 ハーブカラーピンク（814） ………… 18cm

ベースの生地を作る

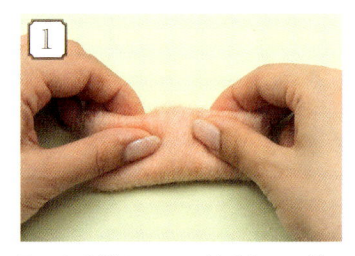

1 P.15を参照して、Cの羊毛を3cm幅にたたみ巻きをする。

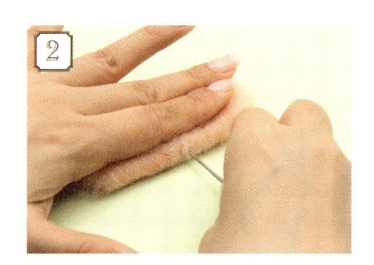

2 巻き終わりを自然になじませ、上から押さえながら、深刺しして刺しとめる。

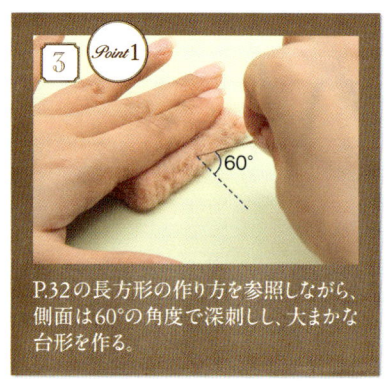

3 *Point 1* P.32の長方形の作り方を参照しながら、側面は60°の角度で深刺しし、大まかな台形を作る。

4 深刺し終了。このあと、中刺しで刺しとめ、形を整える。

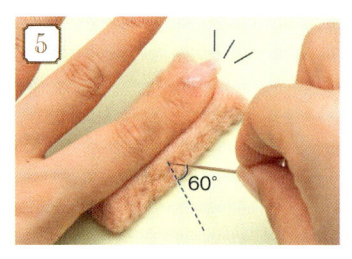

5 人差し指を辺に合わせ、羊毛をしっかりと押さえながら側面を60°の角度で中刺しし、台形の形を整える。

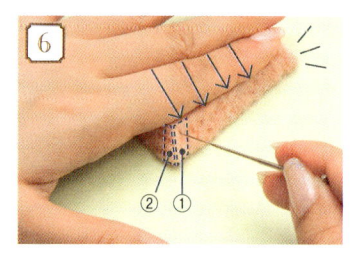

6 角を立たせるには、人差し指で羊毛を強く押さえて端に寄せ、①と②の部分を重点的に中刺しする。

54　Lesson 2　基本のパンとスイーツを作ってみよう

焼き色をつける

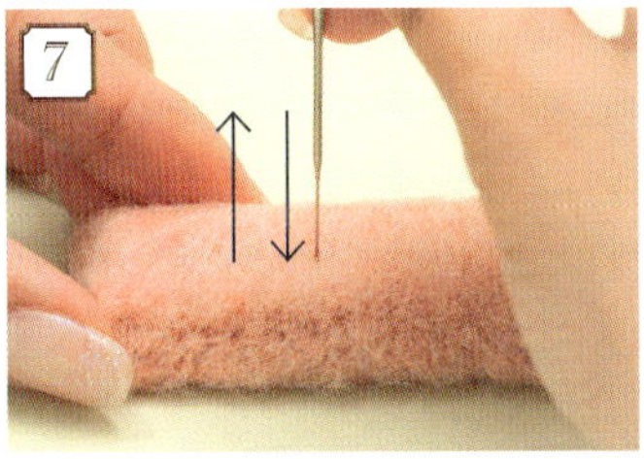

7
ニードルを立て、親指と人差し指で羊毛を押さえて上から垂直に刺し、高さを整えながらフェルトの密度を高める。

8
台形のベースのできあがり。高さが合っているか、しっかりとフェルト化されているかを確認する。

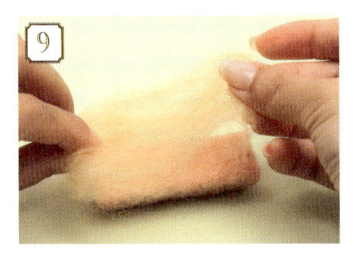

9
ベースの生地を裏返し、**B**の羊毛を薄く広げ、底面からはみ出すくらいにかぶせる。

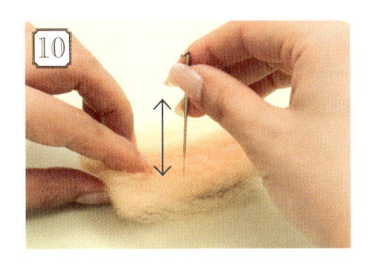

10
ニードルを立て、上から全体を垂直に深刺しして刺しとめる。底面からはみ出した部分はそのままにしておく。

11 Point 2
ベースの生地をもとに戻し、底面から2mm上のところに、60°の角度で浅刺しし、焼き色をライン状に刺しとめる。

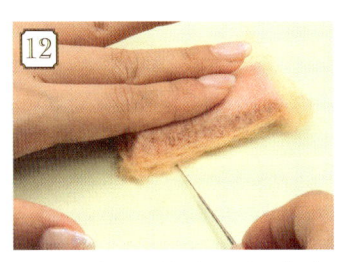

12
11ではみ出した下部分のふちを底面に折り込み、中刺しして押し込む。

いちごジャムをつける

13
深〜中刺し終了。下部と底面に、きれいな焼き色がついた状態。

14
Aを少量分けて、手で小さく丸めたものを数個作り、上面から垂直に中刺しし、ランダムに刺しとめて完成。

バリエーション

抹茶味のフィナンシェ
和菓子風の抹茶味は、渋めのカラーで作るのがコツ。

【材料】
・フェルト羊毛 緑（3）
・フェルト羊毛 ミックス茶（206）
・フェルト羊毛 ミックスこげ茶（208）

バター味のフィナンシェ
定番のバター味は、やさしい色合いが魅力。

【材料】
・フェルト羊毛 クリーム（21）
・フェルト羊毛 ミックスクリーム（201）

花形クッキー　かぶせ巻き・ドーム型で作る ▶P18-19

❦ 表現のポイント

Top トップ
Side サイド

Point 1 きれいな6分割の筋を作る
中心にくぼみを残しながら、6分割の筋をつける。

Point 2 重心を安定させる
重心をしっかりと安定させる。

※ 重心の位置とニードルを刺す方向

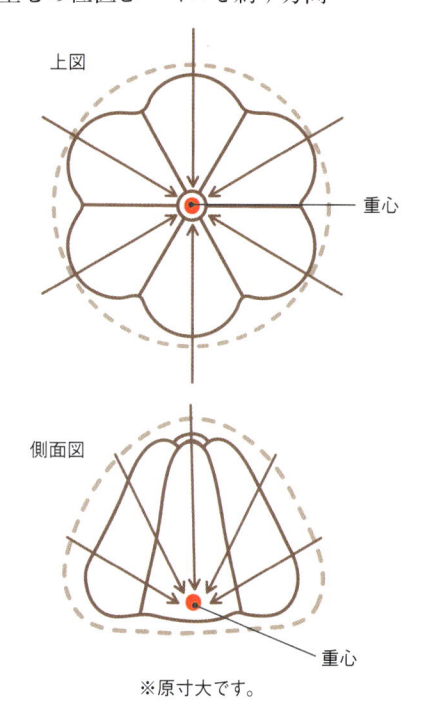

上図 — 重心

側面図 — 重心

※原寸大です。

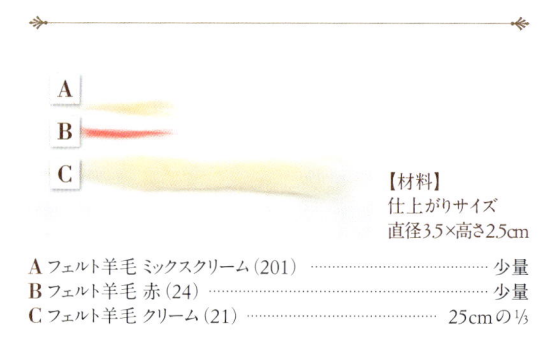

【材料】
仕上がりサイズ
直径3.5×高さ2.5cm

A フェルト羊毛 ミックスクリーム(201) ………… 少量
B フェルト羊毛 赤(24) ………… 少量
C フェルト羊毛 クリーム(21) ………… 25cmの1/3

❦ クッキー生地を作る

1
P.14-15、P.18-19を参照し、Cの羊毛をきつめにかぶせ巻きをし、羊毛が潰れないように軽く押さえて、ドーム型を作る。

❦ 筋をつける

〈筋のつけ方〉

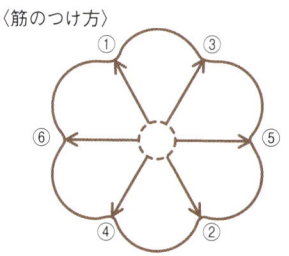

中心は丸くくぼませ、その周りから60°の間隔で、①から⑥の順に筋に対して垂直に深刺しして側面の筋を作る。

2 Point 1
左図の〈筋のつけ方〉を参照し、親指と人差し指で羊毛を押さえながら、筋に対して垂直に深刺しする。

3 Point 2
筋をつけ終わるごとに、上から重心に向かって垂直に深刺しして、重心を安定させる。

❦ ジャムをのせる

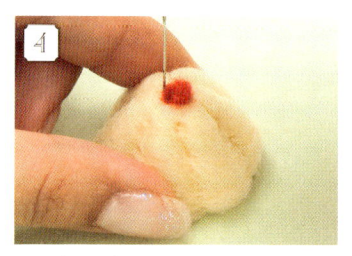

4
Bの羊毛を指先で丸め、生地のくぼみにのせる。中心を垂直に深刺ししてから、周囲を斜め下に向かって中刺しする。

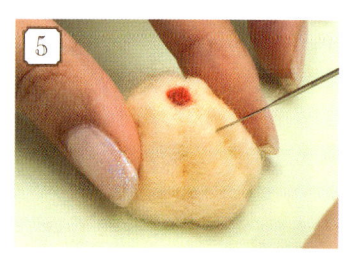

5
Aの羊毛を薄く伸ばし、側面にふわっとかけて、筋の部分だけを刺しとめ、焼き色をつける。

仕上げのテクニック

作品がさらにきれいに見える、簡単な仕上げのテクニックをご紹介します。

Case 1 　毛羽立ちを抑える

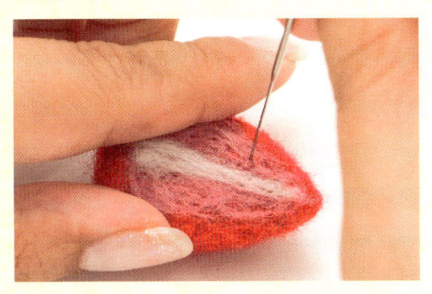

Before

きれいになった！

After

表面がケバケバ

表面を浅刺しする

表面の羊毛が毛羽立っていると、見た目にも美しくない。仕上げ時に表面が毛羽立っていたら、表面全体を浅刺しして整える。白い机などに置いて見ると毛羽立ちがよくわかる。

Case 2 　重心を安定させる

Before

重心が安定した！

After

重心がしっかりしていないからグラグラ…

重心に向かって垂直に深刺しする

底面がぐらついて不安定なときは、重心に限らず、立体の中心を数回垂直に深刺しして重心を安定させる。このとき、手で強く押さえて、ボリューム感を抑え、立体の持つ重量感を出す。

Case 3 　パーツ同士をしっかりとつなげる

パーツとパーツが重なる部分を重点的に刺す

つなぎ合わせたいパーツの、どことどこが接しているかを正確に捉え、その部分を手でしっかりと押さえながら、斜め下に向かって深〜中刺しして刺しとめる。

Lesson 3

アップリケをしてみよう

ニードルフェルトの技法を使えば、立体だけでなく、布に直接羊毛を刺しとめることができます。
布に絵を描くように、楽しんでアップリケに挑戦してみてください。

Basic Technic アップリケの基本を覚えよう
ドーナツのアップリケ

羊毛で作るアップリケはとっても簡単。
形に合わせて羊毛を用意し、
上から刺しとめるだけ。
まずはかわいいドーナツ形に挑戦しましょう。

アップリケに必要な道具

P.58～64に登場する作品を作る際は、以下の道具を用意してください。

フェルト羊毛 **フェルティングニードル**
羊毛とニードルは必需品です。

手芸用複写紙 **図案写しマーカー**
図案を転写するための手芸用複写紙と図案写しマーカーも用意しましょう。直接図案を布に描いてもOKです。

フェルティング用マット **パターンマット**
アップリケをするときは、布の裏側までニードルを刺す必要があるので、フェルティング用マットを布の下に敷き、その下にパターンマットを敷いて行います。

アップリケの基本　まずはアップリケの基本事項を確認しましょう。

図案を描く
作りたい図案を布に写してからスタート。直接図案を描いてもOKです。

布の下にフェルティング用マットを敷く
布の下に必ずフェルティング用マットを敷いてから、羊毛を刺しとめていきます。

基本は垂直にニードルを刺す
基本はニードルをマットに対して垂直に刺します。表情をつけたいときはやや斜めに。

完成したらマーカーの跡を消す
アップリケが完成したら、図案の線を消します。水で落ちるタイプだと便利でしょう。

ドーナツのアップリケ（プレーンドーナツ）

A
B

【材料】仕上がりサイズ　直径3cm
A フェルト羊毛 クリーム（21） ………… 少量
B フェルト羊毛 ミックスクリーム（201）
　　　　　　　　　　　　 10cmを少量

図案を描く

1　マーカーで直径3cmの丸を布に描く。マスキングテープの内側などを利用してもよい。
※〈実物大図案〉を使うときは、布の上に複写紙、図案を写したトレーシングペーパーを重ね、上からボールペンなどで図案をなぞる。

ドーナツを作る

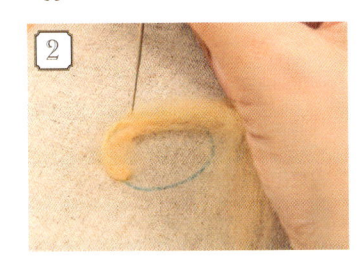

2　Bの羊毛を、1の図案の大きさに合わせて分け、布の下にマットを敷いて、図案の外側の輪郭を垂直に刺しとめる。

ふちをかたどる

3　羊毛の内側を2と同様にして刺しとめながら1周する。ドーナツの輪は1cm幅を目安にする。

4　ドーナツに立体感を出すために、ニードルを斜めに倒して刺し、外側、内側の輪郭を盛り上げる。

5　Aの羊毛を細長く伸ばし、ドーナツの外側と内側の輪郭に刺しとめる。マーカーの跡を消して完成。

実物大図案

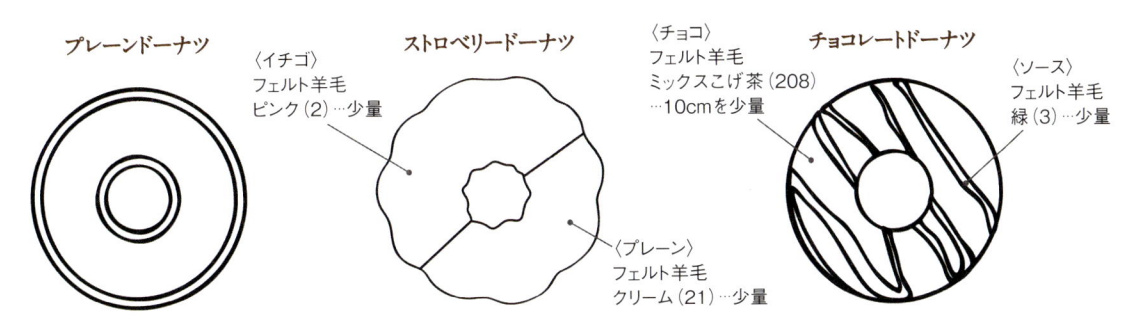

プレーンドーナツ

ストロベリードーナツ
〈イチゴ〉フェルト羊毛 ピンク（2）…少量
〈プレーン〉フェルト羊毛 クリーム（21）…少量

チョコレートドーナツ
〈チョコ〉フェルト羊毛 ミックスこげ茶（208）…10cmを少量
〈ソース〉フェルト羊毛 緑（3）…少量

Lesson3 アップリケをしてみよう

Step Up Technic 細い線を刺しとめてみよう
ビスケットのアップリケ

ここでは線で作るアルファベットのアップリケを学びましょう。
コツさえ覚えればどんな文字も簡単に刺しとめることができます。

ビスケットのアップリケ

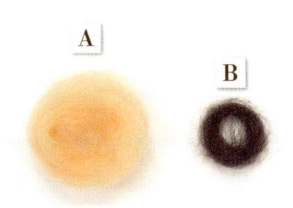

【材料】仕上がりサイズ　3×4.5cm

A フェルト羊毛
　ミックスクリーム（201）……　10cmの1/5
B フェルト羊毛 ミックスこげ茶（208）… 少量

図案を描く

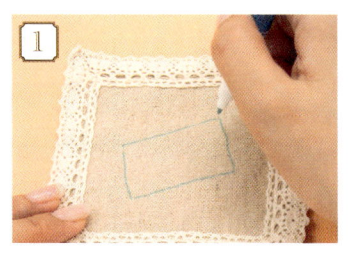

1 マーカーで3×4.5cmの長方形を描く。〈実物大図案〉を使う場合は、P.59の1を参照する。

クッキー部分を作る

2 P.15を参照してAの羊毛を3cm幅にたたみ巻きし、1で描いた図案に合わせる。

3 布の下にマットを敷き、輪郭を垂直に刺しとめながら1周し、全体をまんべんなく垂直に刺す。

4 くぼみをつける。凹部分は垂直にしたニードルの先で羊毛を寄せ、刺しとめる。凸部分は羊毛を引っ張り出して垂直に刺す。さらに全体を垂直に刺してフェルト化させる。

アルファベットをつける

5 Bの羊毛を細長く伸ばし、●部分を始点にしてニードルで押さえ、長さを決めたら、ラインに沿って垂直に刺す。

6 「C」を作っているところ。細いラインを作るときは、羊毛を引っ張りながら、直線ごとに刺しとめる。

7 アルファベットを刺しとめ終わった状態。

ふちをつける

8 余ったBの羊毛を、細長く伸ばし、ビスケットのふちに沿って垂直に刺しとめ、マーカーの跡を消して完成。

実物大図案

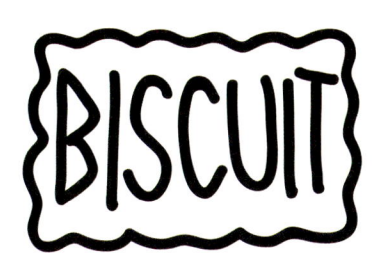

BISCUIT

Step Up Technic　みんなの憧れ！　かわいく作ろう
いちごのショートケーキのアップリケ

おいしそうなショートケーキのアップリケには、
いちごをトッピングしてかわいらしく。
生クリームやいちごの刺し方がポイントです。

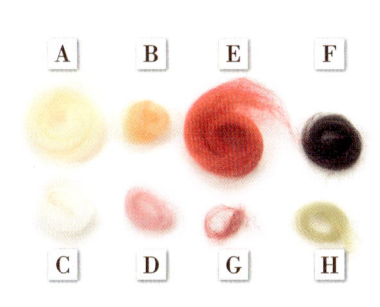

{ いちごのショートケーキのアップリケ }

【材料】仕上がりサイズ
6×4cm（ショートケーキ部分のみ）

A フェルト羊毛 クリーム (21) ………… 少量
B フェルト羊毛 ミックスクリーム (201) … 少量
C フェルト羊毛 白 (1) ………………… 少量
D フェルト羊毛 ピンク (2) …………… 少量
E フェルト羊毛 赤 (24) ……………… 少量
F フェルト羊毛 ミックスこげ茶 (208) … 少量
G フェルト羊毛 えんじ (215) ………… 少量
H フェルト羊毛 緑 (3) ………………… 少量

図案を描く

1 マーカーでショートケーキを描く。〈実物大図案〉を使う場合は、P.59の1を参照する。※下部の飾り罫は付録のテンプレートを使用する。使い方はP.65を参照。

ベースを作る

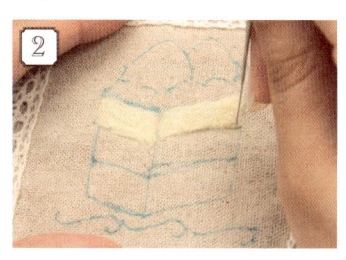

2 1段目を作る。マットを敷き、Aの羊毛を図案の大きさ通りに両端をたたみ、「輪郭→全体」の順に垂直に刺しとめる。

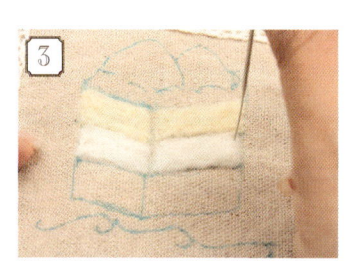

3 2段目を作る。Cの羊毛を図案の大きさに両端をたたみ、1段目と0.5mm間隔をあけ、2と同様に刺しとめる。

4 3段目を作る。Aの羊毛を図案の大きさに両端をたたみ、2段目と0.5mm間隔をあけ、2と同様に刺しとめる。

焼き色をつける

5 Bの羊毛を細長く伸ばし、P.61の5〜7を参照して、ベース3段目の下部に一辺ずつ焼き色をライン状につける。

6 5と同様にして、もう一辺にも焼き色をつける。

7 ベース1段目も5、6と同様にして焼き色をつける。

イチゴソースをつける

8 Dの羊毛を細長く伸ばし、5、6と同様にして、ベース1段目上部、3段目上部にいちごソースをライン状につける。

生クリームをのせる

9 余ったCの羊毛を、波状に凹凸を作りながらベース上部にのせる。

10 片手で押さえながら、垂直に刺しとめる。

11 生クリームを刺しとめ終わったところ。羊毛は多めに使った方が、生クリームの立体感を表現しやすい。

いちごをのせる

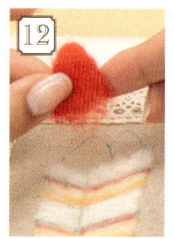

12 Eの羊毛を、図案のいちごの大きさに三角形に折りたたみ、「輪郭→全体」の順に垂直に刺しとめる。

13 残りのいちごも、12と同様にして刺しとめる。

14 ベース2段目にいちごをつける。余ったEの羊毛を小さく4個に丸め、「輪郭→全体」の順に垂直に刺しとめたら、余ったDの羊毛をいちごの断面にかけて同様に刺しとめる。

セルフィーユをのせる

15 Hの羊毛を小さく丸め、ベース上部のいちごの周りに垂直に刺しとめる。

罫線をつける

16 Fの羊毛を細長く伸ばし、5と同様にして、飾り罫を垂直に刺しとめる。

17 EとGのフェルトを混ぜたもの少量をダイヤ部分にのせ、垂直に刺しとめる。マーカーの跡を消して完成。

実物大図案

付録テンプレート使用

特別付録

オリジナルデザイン
テンプレートの使い方

アルファベットなどが簡単にアップリケできる、便利なテンプレートの使い方をご紹介します。

オリジナルデザインテンプレート

アルファベット、数字、モチーフ、フレーム、飾り罫の5種類。

使い方の手順

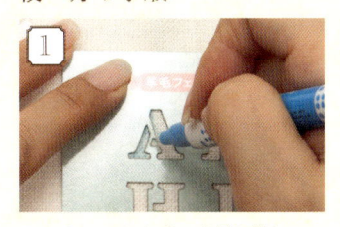

1 テンプレートを本書から切り離し、アップリケをしたい布の上に置いて、マーカーで輪郭線をなぞる。

2 なぞったところ。文字を何種類か組み合わせる場合は、文字の間隔や高さが合っているか確かめる。

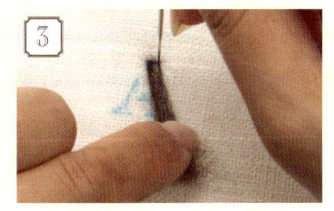

必要な道具

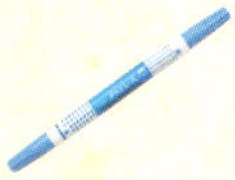

図面写しマーカー　カッティングマット　フェルト羊毛

フェルティング用マット　フェルティングニードル

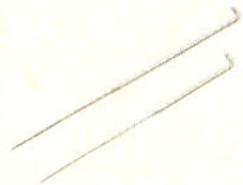

3 フェルティング用マットを布の下に敷き、P.61の5〜7を参照して羊毛をライン状に垂直に刺しとめる。

4 刺しとめたところ。大きさが揃った文字を作ることができる。

応用編　こんな作品が作れます！

アルファベットとフレームを組み合わせる・その1
①のフレームのなかに、アルファベットをアップリケしました。フレームをずらせば何文字でも納まるので、色々な文字や単語で作ってみましょう。

アルファベットとフレームを組み合わせる・その2
②のハート型のフレームを使用。テンプレートをずらして写し、線の細さを変えたり、線を途中で途切れさせたりすると、アンティーク風に。

数字と飾り罫を組み合わせる
③の飾り罫と数字を組み合わせてドアプレート風に。飾り罫を自由に転写して組み合わせることで、あなただけのオリジナルデザインが可能。

本書の作品にも付録テンプレートが使われています！

P.62 いちごのショートケーキのアップリケ
④の飾り罫を使用しています。

P.78 トランプのアップリケ
「A」、「7」と⑤のダイヤ、⑥のスペード、⑦のクラウンを使用。

Lesson 3　アップリケをしてみよう

Lesson 4

応用作品を作ってみよう

本書でマスターした技術を組み合わせて、見た目も華やかな作品に挑戦しましょう。
かわいらしくラッピングしたら、大切な人への贈りものにもぴったりです。

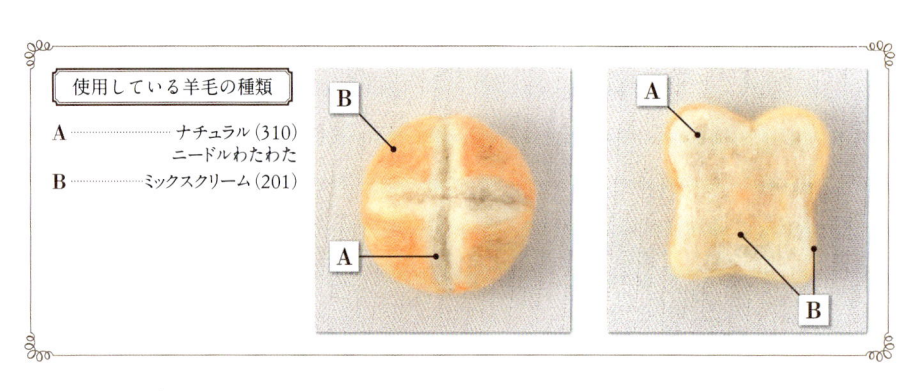

ブール＆イギリスパン

パンの形をしっかりとイメージして
焼き色のテクニックを応用することで
いろいろな種類のパンが作れます。

ドーム型 ▶ P18-19
長方形 ▶ P32

使用している羊毛の種類

A ……… ナチュラル（310）
　　　　 ニードルわたわた
B ……… ミックスクリーム（201）

How to make 【材料】仕上がりサイズ （ブール）直径5cm×高さ3.5cm、（イギリスパン）5×5×高さ1.5cm

[ブール]
ニードルわたわた ナチュラル (310)
.... 8×30cm
フェルト羊毛 ミックスクリーム (201)
.... 18cmの1/5

[イギリスパン]
ニードルわたわた ナチュラル (310)
.... 5×18cm
フェルト羊毛 ミックスクリーム (201)
.... 18cmの1/5

ブール

1 パン生地を作る

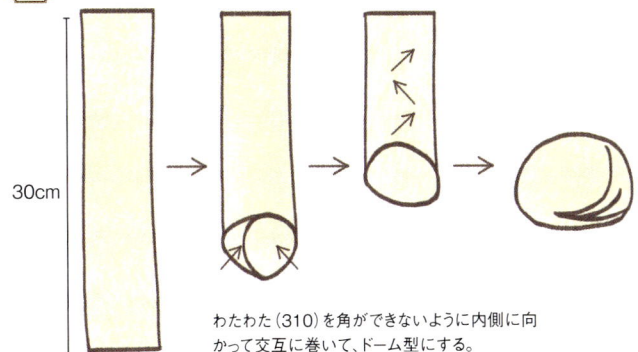

30cm / 8cm

わたわた (310) を角ができないように内側に向かって交互に巻いて、ドーム型にする。

P.18-19を参照して、ドーム型を作る。

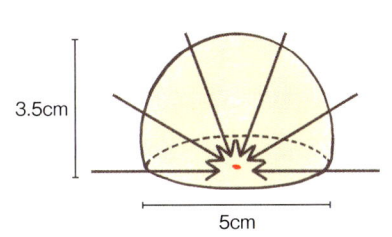

3.5cm / 5cm

底面のふちは内側に押し込むように中刺しし、丸みを出す。

2 切り込みの膨らみを表現する

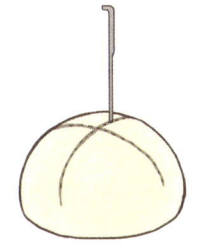

ニードルを立てて重心に向かって深刺しし、十字に深めの溝を作る。

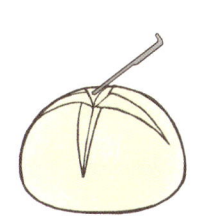

溝の両脇にニードルを斜めに浅刺しし、角が立った切り込みを作る。

3 焼き色をつける

ミックスクリーム (201) の長さを4等分に分け、1本ずつ薄く広げて上下を半分に折り、さらに左右を半分に折る。

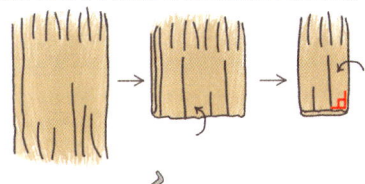

ブールの表面に角を合わせてあて、底面まで包み込むようにして浅刺しし、焼き色をつける。残りの3面も同様にする。

イギリスパン

1 パン生地を作る

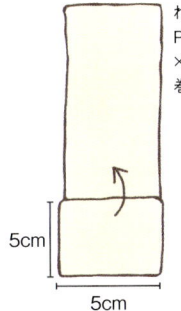

わたわた (301) をP.15を参照して5×5cmにたたみ巻きをする。

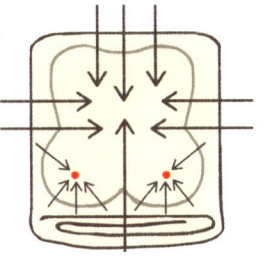

5cm / 5cm

P.32を参照して羊毛を押さえ、矢印の方向に深〜浅刺しする。高さは1.5cmにする。

2 焼き色をつける

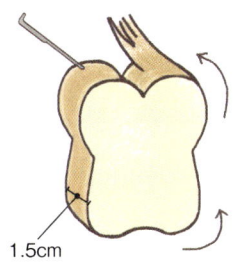

1.5cm

ミックスクリーム (201) を少量残しておいて、パン生地の側面に巻きつけ、浅刺しで1周刺しとめる。

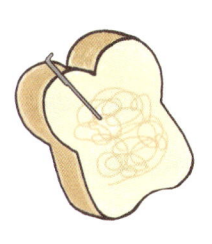

残しておいたミックスクリームを中心部にふわっとかけて、浅刺しで刺しとめる。裏面も同様にする。

3段
デコレーションケーキ

豪華なデコレーションケーキも
円柱テクニックをマスターすれば簡単に作れます。
パティシエ気分で好きなフルーツをあしらって。

円柱 ▶ P20-21

使用している羊毛の種類

- A——白(421)トウインクル
- B——赤(24)
- C——ピンク(2)
- D——白(1)
- E——ベージュ(102)フェルケット
- F——緑(3)
- G——えんじ(215)
- H——ミックスクリーム(201)

How to make

【材料】仕上がりサイズ　直径12cm×高さ10cm（スポンジ部分のみ、フルーツを盛ると高さ13cm）

〔スポンジ〕
小　ニードルわたわた ナチュラル（310）
　　　　　　　　　　　　　　　　6×23cm
　　フェルト羊毛トゥインクル 白（421）
　　　　　　　　　　　　　　　　18cmの½
中　ニードルわたわた ナチュラル（310）
　　　　　　　　　　　　　　　　6×23cmを2本
　　フェルト羊毛トゥインクル 白（421）
　　　　　　　　　　　　　　　　27cmの½
大　ニードルわたわた ナチュラル（310）
　　　　　　　　　　　　　　　　6×23cmを3本

フェルト羊毛トゥインクル 白（421）
　　　　　　　　　　　　　　　　36cmの½
フェルト羊毛 ミックスクリーム（201）
　　　　　　　　…36cmの¼（底面とふちの焼き色用）
〔いちご〕
半割り　フェルト羊毛 赤（24）
　　　　　　　　　　　　　15cmの½を6本
　　　　フェルト羊毛 ピンク（2）　少量
　　　　フェルト羊毛 白（1）　少量
丸ごと　フェルト羊毛 赤（24）…15cmの¾

〔ラズベリー〕
羊毛フェルトえんじ（215）……少量
〔セルフィーユ〕
羊毛フェルト緑（3）　少量
〔ハート〕
小　フェルケット ベージュ（102）……5×5cm
中　フェルケット ベージュ（102）
　　　　　　　　　　　　　　　7×7cmを3枚

1　小・中・大のスポンジを作る

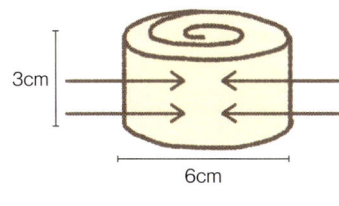

P.20-21を参照して、わたわた（310）で直径6cm高さ3cm（小）の円柱を作る。フェルト化した円柱にわたわたをさらに巻き足して、直径9cm高さ3cm（中）と直径12cm高さ3cm（大）の円柱を作る。

2　側面にくぼみとクリームをつける

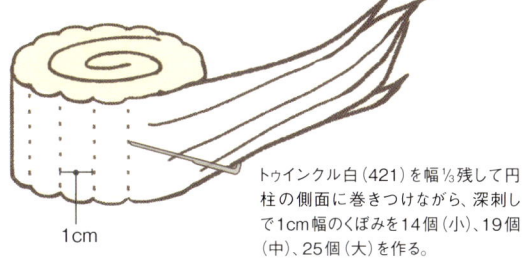

トゥインクル白（421）を幅⅓残して円柱の側面に巻きつけながら、深刺しで1cm幅のくぼみを14個（小）、19個（中）、25個（大）作る。

3　上面にクリームをつける

P.46のクリームのつけ方を参照して、残しておいたトゥインクル白で小・中・大それぞれのスポンジの上面にクリームをつける。

4　焼き色をつける

ミックスクリーム（201）の幅⅛を細長く伸ばして、スポンジ大の下部に巻きつけながら、浅刺しで1周刺しとめる。残りのミックスクリームを薄く広げて、底面を覆うようにかぶせて、浅刺しで刺しとめる。

5　スポンジを3段重ねる

P.45の〈パーツのつなぎ方〉を参照して、スポンジを3段重ねてつなげる。

6　トッピングを作る

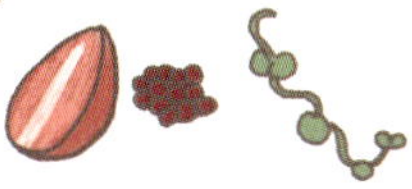

P.46-47を参照して半割りいちごを6個、P.36を参照してラズベリーとセルフィーユを各適量作る。

丸ごといちごは、P.26-27を参照して円すいを作り、底面のふちを内側に押し込むように中刺しして丸くする。

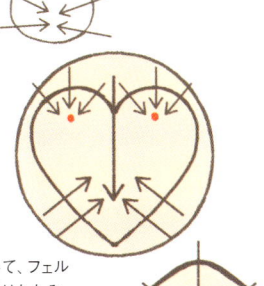

P.50のマカロンを参照して、フェルケット ベージュ（102）を折りたたみ、矢印の方向に深〜浅刺ししてハート形を作る。小1個、中3個。

7　スポンジにトッピングをつける

P.47の半割りいちご、P.36-37のラズベリーとセルフィーユのつけ方を参照して、トッピングをスポンジにバランスよくのせて刺しとめる。

アイスクリーム

1色でもかわいいアイスクリームは
マーブル模様をつけたりチョコレートをのせて
味のバリエーションを楽しめます。

ドーム型 ▶ P.18-19

How to make

1 1色アイスクリームを作る

P.14-15を参照して、ライトグリーン（33）をかぶせ巻きする。

P.18-19を参照して、ドーム型を作る。

3cm / 4cm

P.51を参照して、底面から2mm上の位置をマカロンのピエのように刺す。

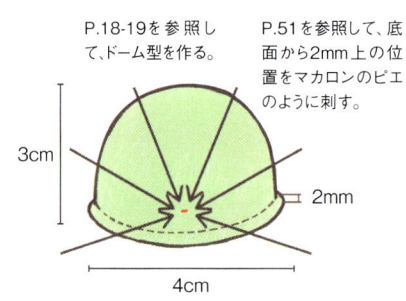

2 チョコミントアイスクリームを作る

水色（38）も1と同様にして、1色アイスクリームを作る。

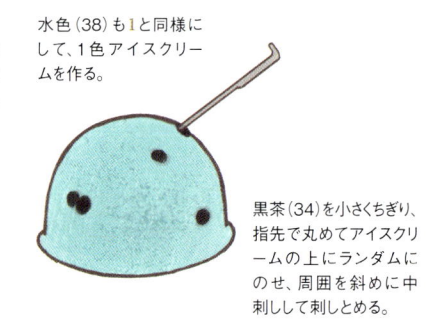

黒茶（34）を小さくちぎり、指先で丸めてアイスクリームの上にランダムにのせ、周囲を斜めに中刺しして刺しとめる。

使用している羊毛の種類

A ── ミックスクリーム(201)
B ── 水色(38)
C ── 黒茶(34)
D ── クリーム(21)
E ── 白(1)

F ── ライトピンク(37)
G ── ライトグリーン(33)

【材料】仕上がりサイズ （アイスクリーム）直径4cm×高さ3cm
　　　　　　　　　　　（ウエハース）10×3×高さ1cm

〔アイスクリーム〕
メロン　　　　フェルト羊毛　ライトグリーン(33) ……… 18cm
チョコミント　フェルト羊毛　水色(38) ……………… 18cm
　　　　　　　フェルト羊毛　黒茶(34) ……………… 少量
ストロベリー　フェルト羊毛　ライトピンク(37) ……… 18cm
　　　　　　　フェルト羊毛　白(1) ………………… 少量
バニラ　　　　フェルト羊毛　クリーム(21) ………… 18cm
　　　　　　　フェルト羊毛　白(1) ………………… 少量

〔ウエハース〕
フェルト羊毛　ミックスクリーム(201) ……………… 10cm

3 マーブルアイスクリームを作る

ライトピンク(37)とクリーム(21)も、それぞれ1と同様にして1色アイスクリームを作る。

白(1)を細長く伸ばし、それぞれのアイスクリームの上に方向を揃えてのせ、浅刺しで刺しとめる。

4 ウエハースを作る

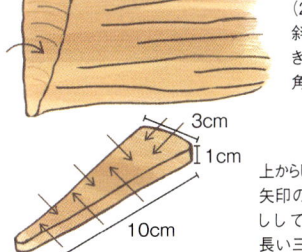

ミックスクリーム(201)を広げ、斜めにたたみ巻きして細長い三角形にする。

3cm
1cm
10cm

上からしっかりと押さえて、矢印の方向に深～浅刺しして、高さ1cmの細長い三角柱を作る。

カップに盛って豪華に！

Lesson4　応用作品を作ってみよう

チョコバナナタルトレット

バナナをたっぷりのせた贅沢なタルトレットは
きれいなホール状を目指して作りましょう。
好みのお皿のサイズに合わせて作ってみてください。

おうぎ形テクニック ▶ P24-25
バナナ ▶ P48

使用している羊毛の種類

A	……	ベージュ (29)
B	……	ブラウン (41)
C	……	緑 (3)
D	……	白 (611) スカードウール
E	……	えんじ (215)
F	……	ミックスこげ茶 (208)

Lesson 4 応用作品を作ってみよう

How to make

【材料】仕上がりサイズ　6×6×高さ2cm（タルト生地部分のみ、フルーツを盛ると高さ4cm）

〔タルト生地〕
フェルト羊毛 ミックスこげ茶（208） ………… 30cmの1/2
〔チョコレートクリーム〕
フェルト羊毛 ブラウン（41） ………… 20cmの1/4

〔ラズベリーソース〕
フェルト羊毛 えんじ（215） ………… 少量
〔バナナ〕
フェルト羊毛 ベージュ（29） ………… 15cmの1/4を3本
フェルト羊毛 ブラウン（41） ………… 少量

〔ラズベリー〕
フェルト羊毛 えんじ（215） ………… 少量
〔セルフィーユ〕
フェルト羊毛 緑（3） ………… 少量
〔生クリーム〕
スカードウール 白（611） ………… 少量

1 タルト生地を作る

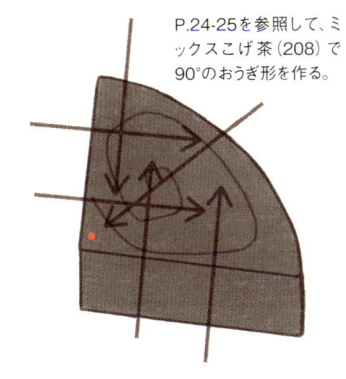

P.24-25を参照して、ミックスこげ茶（208）で90°のおうぎ形を作る。

曲面を重心に向かって深刺しして、同じ幅のくぼみを6個作る。

2 チョコレートクリームをつける

P.46のクリームのつけ方を参照して、ブラウン（41）でタルト生地の上面にチョコレートクリームをつける。

3 ラズベリーソースをつける

P.46のソースのつけ方を参照して、タルト生地の側面にえんじ（215）でラズベリーソースをつける。

4 トッピングを作る

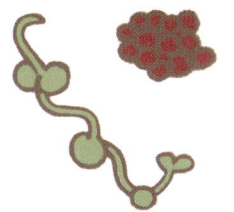

P.48を参照してバナナを3個、P.36を参照してラズベリーとセルフィーユを各適量作る。

5 タルト生地にトッピングをつける

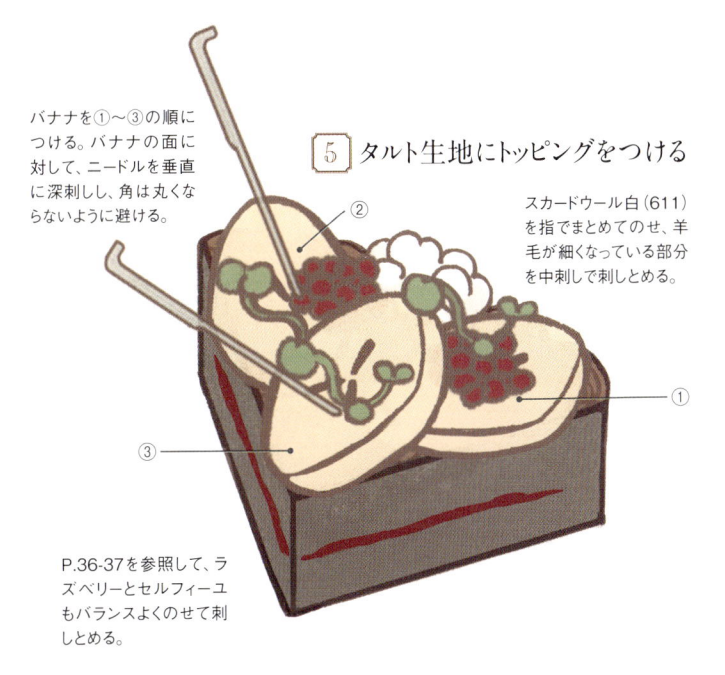

バナナを①〜③の順につける。バナナの面に対して、ニードルを垂直に深刺しし、角は丸くならないように避ける。

スカードウール 白（611）を指でまとめてのせ、羊毛が細くなっている部分を中刺しで刺しとめる。

P.36-37を参照して、ラズベリーとセルフィーユもバランスよくのせて刺しとめる。

マカロンタワー

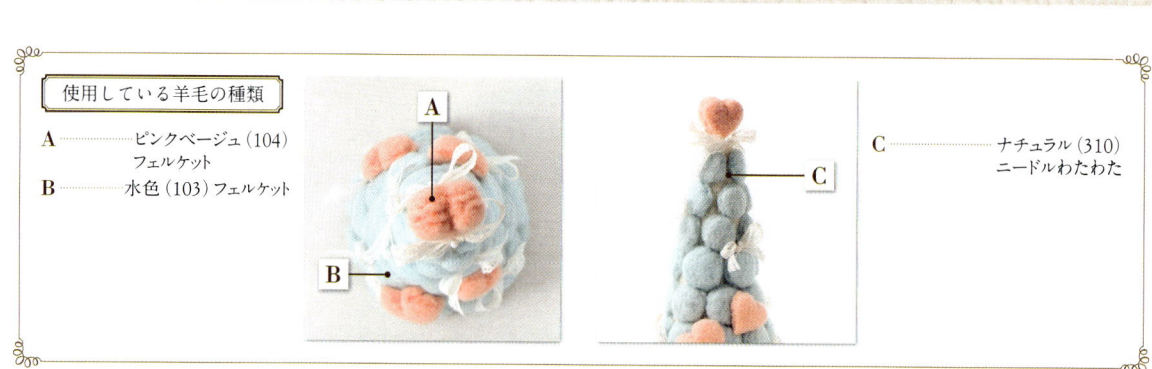

ミニマカロンとハートマカロンを
クロカンブッシュ風のタワーにしました。
レースのリボンをつけるとより華やかになります。

円すい ▶ *P26-27*
マカロン ▶ *P50-51*

使用している羊毛の種類

- **A** ピンクベージュ(104) フェルケット
- **B** 水色(103) フェルケット
- **C** ナチュラル(310) ニードルわたわた

How to make

【材料】仕上がりサイズ　直径9cm×高さ18cm（土台部分のみ、ハートを飾ると高さ21cm）

〔土台〕
ニードルわたわた ナチュラル (310) ……………… 8×30cmを2枚
ニードルわたわた ナチュラル (310) ……………… 15×30cmを2枚

〔マカロン〕
小　フェルケット 水色 (103) ……………… 4×4cmを12枚
中　フェルケット 水色 (103) ……………… 5×5cmを40枚

〔ハートマカロン〕
小　フェルケット ピンクベージュ (104) ……………… 5×5cmを4枚
中　フェルケット ピンクベージュ (104) ……………… 6×6cmを2枚

〔リボン〕
レースリボン ……………… 25cmを8本
パール付きマチ針 ……………… 8本

1 土台を作る

P.26-27を参照して、わたわた (310) 8×30cm1枚で円すいを作る。

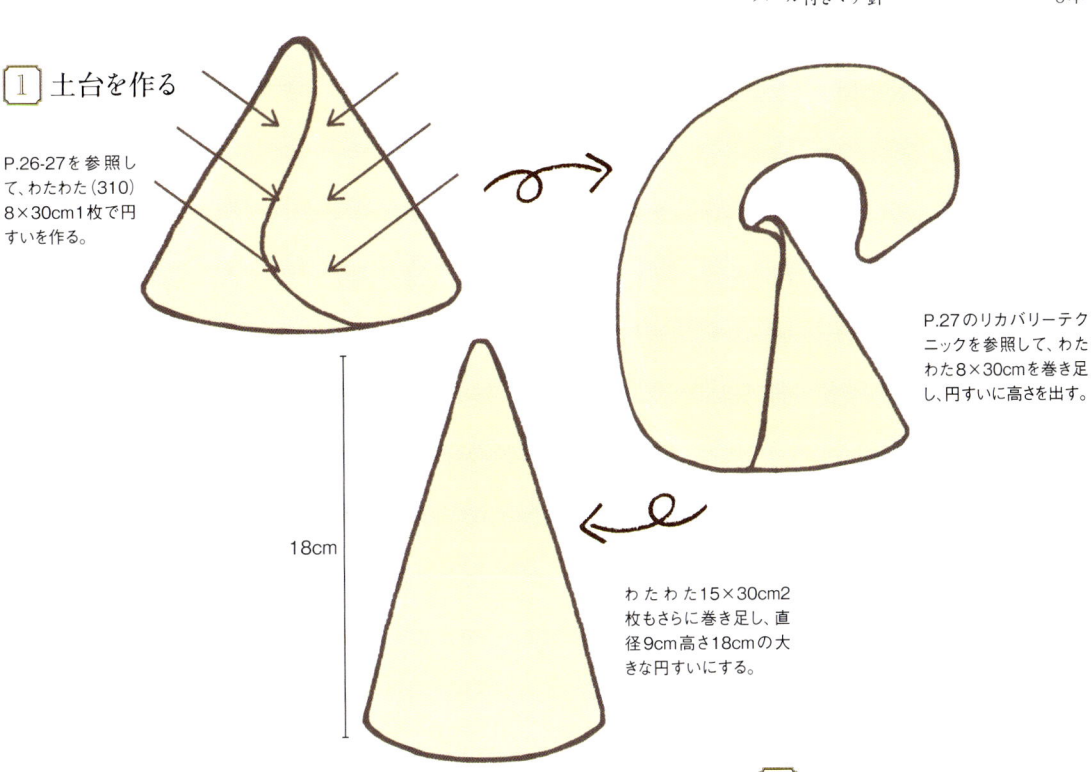

P.27のリカバリーテクニックを参照して、わたわた8×30cmを巻き足し、円すいに高さを出す。

わたわた15×30cm2枚もさらに巻き足し、直径9cm高さ18cmの大きな円すいにする。

18cm
9cm

2 トッピングを作る

P.50-51を参照して、マカロン生地を小12個、中40個作る。

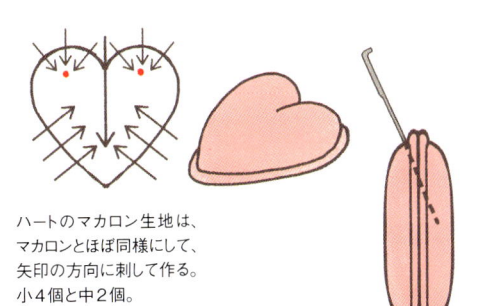

ハートのマカロン生地は、マカロンとほぼ同様にして、矢印の方向に刺して作る。小4個と中2個。

P.51を参照して、ハートのマカロン生地小2個をつなげる。

3 土台に刺しとめる

土台下部5段にマカロン生地の中を、下から11個、9個、8個、7個、5個の順で刺しとめる。その上3段にマカロン生地の小を下から5個、4個、3個の順で刺しとめる。

てっぺんにはつなぎ合わせたハートのマカロンを刺しとめる。

レースリボンを蝶結びにして、結び目にパール付きマチ針を刺す。これを8個作り、ランダムに刺して飾る。

ハートのマカロン生地をその上にバランスよく刺しとめる。

Lesson 4　応用作品を作ってみよう　75

キューブチーズケーキ

ひと口サイズのかわいらしいチーズケーキは
キューブ型をちょっとアレンジすればできあがり。
いちごソースの表現がおいしそうに見せるポイントです。

キューブ型 ▶ P.30-31

How to make

1 チーズケーキ生地を作る

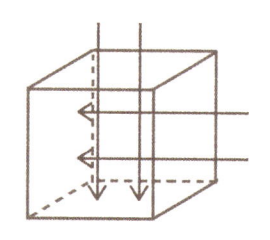

P.30-31を参照して、クリーム（21）でキューブ型を作る。

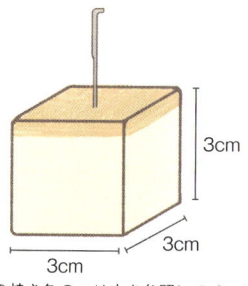

2 焼き色をつける

P.55の焼き色のつけ方を参照して、ミックスクリーム（201）を少量残して薄く伸ばし、底面にかぶせて刺しとめる。

残しておいたミックスクリーム少量を薄く伸ばし、上面にふわっとかけて浅刺しで刺しとめる。

裏返して、底面からはみ出した羊毛を側面の下部にライン状に刺しとめる。

使用している羊毛の種類

A……… クリーム (21)
B…ミックスクリーム (201)

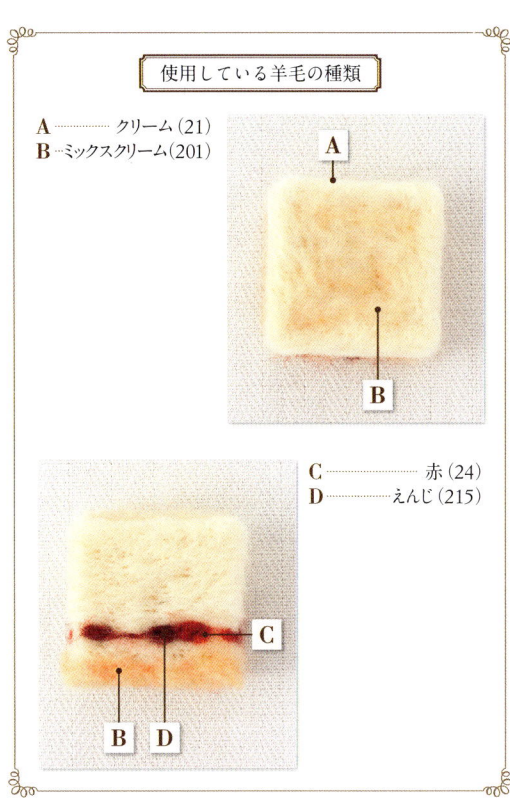

C……… 赤 (24)
D……… えんじ (215)

【材料】仕上がりサイズ　3×3×高さ3cm

〔チーズケーキ〕
フェルト羊毛 クリーム (21) ……………………………… 23cmの½
ミックスクリーム (201) …………………………………… 少量
〔いちごソース〕
フェルト羊毛 赤 (24) ………………………………………… 少量
フェルト羊毛 えんじ (215) ………………………………… 少量

3 いちごソースをつける

1cm

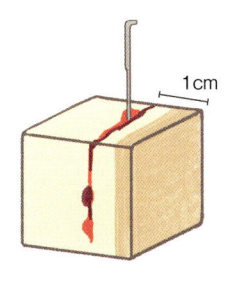

P.46のソースのつけ方を参照して、赤(24)とえんじ(215)をミックスし、側面の下部から1cmのところにいちごソースをつける。

材料が少なくてとっても簡単！

Lesson 4　応用作品を作ってみよう　77

トランプのアップリケ

テンプレートで作ったトランプのアップリケは
フレームに入れたり、壁に飾ったりして
お部屋のインテリアとして手軽に楽しめます。

アップリケ ▶ P58-65

使用している羊毛の種類	
A	赤(24)
B	白(1)
C	えんじ(215)
D	黒茶(34)

Lesson 4　応用作品を作ってみよう

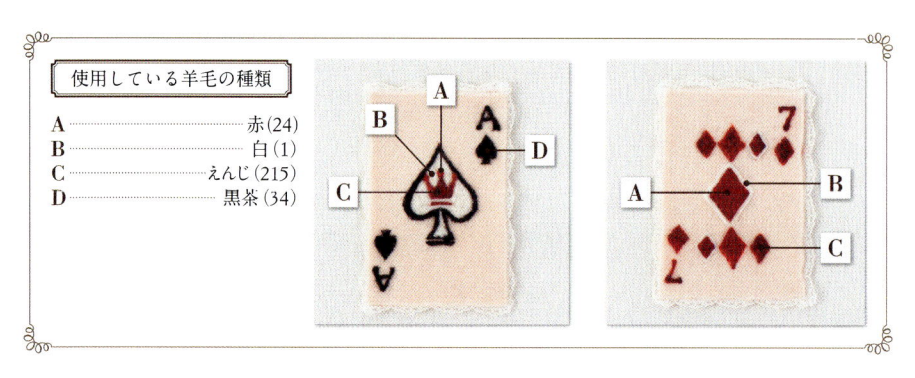

How to make 　【材料】仕上がりサイズ　11×7.5cm（トランプ部分のみ、レースを入れると12×8cm）

〔スペードのエース〕
フェルト羊毛 黒茶（34）
フェルト羊毛 白（1）
フェルト羊毛 赤（24）
フェルト羊毛 えんじ（215）
ピンクのフェルト地 ………… 11×7.5cmを2枚
レース ………………………… 37cm

〔ダイヤの7〕
フェルト羊毛 白（1）
フェルト羊毛 赤（24）
フェルト羊毛 えんじ（215）
ピンクのフェルト地 ………… 11×7.5cmを2枚
レース ………………………… 37cm

1　フェルト地にアップリケをする

付録テンプレートの「A」、「スペード」、「クラウン」を使用

付録テンプレートの「7」、「ダイヤ」を使用

11cm
7.5cm

P.58-65を参照して、フェルト地に図案を写して、アップリケをする。

赤（24）の上から、えんじ（215）を少量かけて刺しとめ、アンティーク風にする。

※150％に拡大すると、実物大図案として使えます。

2　レースをはさむ

アップリケをしたフェルト地と、無地のフェルト地の間にレースをはさみ、手芸用ボンドでしっかりと接着させる。しばらく重しをのせておくとよい。

福田りお

2003年にニードルフェルトに出会い、試行錯誤を重ねてオリジナルの手法を開発。独自の理論から生み出されるスイーツをモチーフにした作品は、まるで本物のような完成度とデザイン性の高さで、多くのファンから支持されている。全国各地で講演会やカルチャースクールの講座を行うほか、書籍や雑誌、テレビなどでも幅広く活躍。
〈主な著書〉
「福田りおの羊毛フェルトのスイーツレシピ」、「福田りおの羊毛フェルトの贈りもの」(ともに日本ヴォーグ社)、「福田りおのアップリケで楽しむ羊毛スイーツ」(主婦と生活社)など。

この本を読んでくださった皆さんへ

これだけの少ない用具、シンプルな手法で、優しい手触りの立体作品を作る楽しさは、子供の頃のお絵描きや粘土遊びのように、たくさんの人の喜びになっていくことでしょう。
羊毛フェルトに出会い、楽しさを知った皆さんの、少しでもお役に立てますように。
この本を作るにあたって、協力してくださった皆さんに、深く深く感謝いたします。

福田りおの羊毛フェルト基礎テクニック

平成22年10月20日　初版第1刷発行

著　者　福田りお
発行者　穂谷竹俊
発行所　株式会社日東書院本社
　　　　〒160-0022　東京都新宿区新宿2丁目15番14号　辰巳ビル
TEL　　03-5360-7522（代表）
FAX　　03-5360-8951（販売部）
振　替　00180-0-705733
URL　　http://www.TG-NET.co.jp
印　刷　凸版印刷株式会社
製　本　株式会社セイコーバインダリー

本書の無断複写複製(コピー)は、著作権上での例外を除き、著作者、出版社の権利侵害となります。
乱丁・落丁はお取り替えいたします。小社販売部までご連絡ください。
© Rio Fukuda 2010, Printed in Japan
ISBN 978-4-528-01844-0 C2077

Special Thanks
Team A's sweets!（研究生一期、二期）
イマイリエ（カリグラフィー）
イトウスミ（ドイリー）
藤井かなえ（消しゴムはんこ）
TK（TTR/W）

資材協力
ハマナカ株式会社
〔京都本社〕
京都府京都市右京区花園薮ノ下町2-3
TEL:075-463-5151
〔東京支店〕
東京都中央区日本橋浜町1-11-10
TEL:03-3864-5151

撮影協力
Orne de Feuilles　オルネドフォイユ
東京都渋谷区渋谷2-3-3 青山Oビル1F
TEL : 03-3499-0140

アンティーク雑貨　mu･mu（ムームー）
東京都渋谷区恵比寿南1-11-15-1F
TEL:03-3794-8805

STAFF
撮　影　宇賀神善之
デザイン　鈴木真木了
編　集　林佐絵、小林阿津子
　　　　（以上STUDIO DUNK）
企画・進行　中川通、牧野貴志